A.2

VIBRATIONS

LYRIQUES

PAR

HENRY WAGER

PONTARLIER
IMPRIMERIE DE J.-C. THOMAS
—
1856

VIBRATIONS

LYRIQUES.

VIBRATIONS

LYRIQUES

PAR

HENRY WAGER

Ma voix humble à l'écart essayait des concerts.
A. Chénier. (*Élégies*.)

Le ciel n'a pas fait don de la lyre au poète
Afin que dans son cœur il la laissât muette.
Elodie.

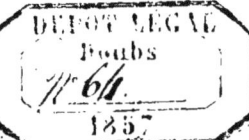

PONTARLIER

IMPRIMERIE DE J.-C. THOMAS

1856

Il est une époque heureuse et charmante où les idées s'échappent du cœur, une à une, sans ordre, sans suite, presque sans ressemblance. On reconnaît la source d'où elles sortent, ainsi que leur aimable parenté, à la senteur naïve qui en émane. Elles s'ouvrent au soleil de côté et d'autre, et fleurissent isolées : époque d'illusions ineffables et de bonheur, printemps de la vie des poètes, — mais, hélas! non moins fugitif que celui de la nature, ce printemps qui éveille leur imagination; non moins éphémère que le bel âge des amours, qui les inspire.

C'est à cette période fortunée de son existence que l'auteur de ces poésies a essayé la plupart des chants légers et gracieux dont voici le recueil. — Ça et là parmi eux, et dans la dernière partie, on retrouvera l'art et le sentiment du patriotisme politique et libéral, mais l'art avant tout, comme génies secondaires de l'inspiration.

Le cœur de l'artiste quel qu'il soit — peintre, statuaire, musicien, — est fatalement doué, ceci est incontestable, d'une fibre retentissante, plus ou moins disposée à vibrer sur tous les tons, comme une harpe éolienne, soit qu'elle soupire aux caresses de la brise, soit qu'elle gémisse ou murmure sous le souffle orageux de la tempête?

« Ut pictura poesis. »

Comment les premières études de notre ami, peintre-paysagiste, n'auraient-elles pas éveillé dans son âme les émotions du sentiment poétique? N'est-il pas né au sein des sublimes beautés de nos montagnes si pittoresques du Jura, en face du panorama gigantesque des Alpes helvétiques, dont toutes les vallées, tous les pics où il a porté ses pas, ont orné ses albums de délicieux croquis, nouveaux diamants ravis au front de la nature pour enrichir son écrin? — Aussi, la mémoire embaumée des souvenirs d'un voyage fait au printemps, le long des frais rivages du Léman, sur les flots azurés du lac Majeur, dans des rêveries ineffables commencées sous les ombrages des îles Borromées, continuées au milieu des galeries de Florence, devant les merveilles d'*il Duomo* de Milan, et poursuivies encore en des heures d'extase, seules comprises de ceux qui ont le bonheur de les rencontrer et de les saisir à l'âge où l'on aime, — comment donc eût-il résisté au charme de confier à la plume ce trop plein de son cœur, qu'il ne pouvait reproduire avec ses pinceaux?

Ses vers, jetés sur le papier comme ils étaient sentis, sans prétention, écrits pour lui seul, communiqués seulement de loin en loin à un petit nombre d'intimes, n'étaient point destinés à dépasser le cercle de cette intimité. Mais, — pour faire en quelque sorte un pendant à l'opinion que nous avons émise dès notre première ligne, — il est une époque aussi où il est tant agréable de se ressouvenir « des idées échappées du cœur, lorsque tout était riantes illusions; » — on est si heureux, quand, sur le retour, on peut de ces idées former un groupe, un chœur que l'on se plaît à entendre chanter, que l'on aime à avoir là sous sa main, sous sa vue, mirage consolateur des chères images du passé, et dont on n'ignore pas que l'amitié recevra l'hommage avec une touchante sympathie !

Voilà pourquoi ces feuilles de poésies ont été multipliées par l'impression.

Certainement, ici, comme dans toutes les œuvres humaines, l'imperfection tient une place quelconque; mais nous laissons à la critique la tâche de rechercher sa proie : elle n'y fera pas défaut, ou les temps seraient bien changés.

Ces derniers mots, pourtant, à son adresse :

Nous n'avons aspiré, dans ce que nous venons de dire, à rien autre qu'à renseigner les lecteurs, ceux surtout auxquels le poète dont ils vont entendre les chants est inconnu, sur les vrais motifs qui l'ont engagé à laisser parvenir les sons de sa lyre aux échos de la publicité.

EDOUARD GIROD.

Pontarlier, mai 1856.

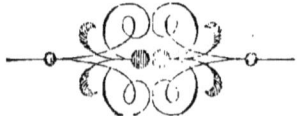

DÉDICACE.

A ÉLODIE.

Un souffle de ta bouche a fait vibrer ma lyre.
H. Moreau. (*Le Myosotis*).

O toi qui, dans ma nuit, consolatrice étoile,

Vins éblouir soudain mes yeux de ta splendeur,

Et qui, vers d'heureux bords guidant ma jeune voile,

D'un rayon d'amour pur illuminas mon cœur !

O chaste et noble objet d'un long rêve de flamme !

Te souvient-il qu'un jour, dans les bois d'Erychanz,*

Ton langage si doux me révélant ton âme,

Sur ma lyre éveilla le premier de mes chants?

Prélude au tour naïf et plein de dissonnances,

Par ma lèvre novice à tes pieds murmuré,

Ce chant, comme un écho des sons que tu cadences,

S'élançait jusqu'à toi qui l'avais inspiré.

Et je disais : — « Cet hymne, essai de mon délire,

» Est une fleur hâtive, éclose avant son jour.....

» Pourtant accueille-les d'un indulgent sourire,

» Ces vers, humble tribut de mon précoce amour.

* Villa et métairie du Jura vaudois.

» Si le ciel m'eut fait don d'une âme de poëte ;

» Si mon luth, modulant de magiques accents,

» Pouvait être aujourd'hui l'éloquent interprète

» De mon cœur subjugué par tes charmes naissants ;

» Si je marchais l'égal des fortunés génies

» Qui, prenant leur essor vers l'immortalité,

» Mènent le chœur sacré des chastes harmonies

» Dans l'orbe radieux de leur monde enchanté ;

» Avec un stylet d'or inscrivant sur ma lyre

» La date de ce jour qui rayonne en nos cœurs,

» Ma muse, aux frais vallons du poétique empire,

» Irait cueillir pour toi d'impérissables fleurs.

» Comme une main de vierge au front de la Madone
» Tresse en nimbe d'argent les lis et les jasmins,
» Ses doigts pour ton beau front tresseraient en couronne
» Ces trésors embaumés des féeriques jardins.

» Sans cesse à tes côtés mes strophes immortelles,
» Cortège harmonieux, te chanteraient en chœur; —
» Et ton nom brillerait auprès des noms de celles
» Qui des maîtres du luth ont fait vibrer le cœur.

» Mais à ce noble essor je ne dois point prétendre :
» De l'Harmonie, hélas! enfant deshérité,
» Sur tes pas je ne puis qu'humblement faire entendre
» Cet hymne par l'amour seul en secret dicté. »

XIII

Comme sur la colline, à l'heure fortunée

Où l'amour s'éveillait en nos cœurs de seize ans,

Ma muse, à tes genoux aujourd'hui prosternée,

Te vient redire : A toi mon poétique encens !

A toi ces chants rhythmés au matin de mon âge,

Quand pour moi l'espérance allumant son flambeau,

Dans le prisme flatteur d'un séduisant mirage,

Me montrait l'avenir sous un aspect si beau !

A toi ces vers cueillis dans le court intervalle

Des orages troublant ma vie à son midi :

Épis qu'eussent dorés sur leur glèbe natale

Les rayons caressants d'un ciel moins refroidi !

Mais partout, comme au jour où, dans le frais bocage,
J'essayais près de toi le chant de Roméo,
Je n'ai su moduler, en mon pèlerinage,
Que d'imparfaits accords expirant sans écho.....

Non, l'art ne donne pas ce qui manque à la lyre,
Cet accent plein de charme ou ce verbe inspiré
Qui dans les cœurs émus épanche un beau délire : —
Le barde est impuissant s'il n'a le feu sacré.

L'amour est un grand maître, et pourtant l'amour même
N'a point seul de Pétrarque éternisé les vers :
Oui, le chantre de Laure eut la palme suprême ;
Mais d'un génie heureux émanaient ses concerts.

XV

Pour offrir cet hommage, ô mes strophes légères !
Au souffle de la brise ouvrez vos ailes d'or,
Et, comme des ramiers, fidèles messagères,
Vers sa blanche villa dirigez votre essor !

Bords du Doubs, 1850.

SÉRIE PREMIÈRE.

LES MIRAGES.

A JULIE.

Souvent tu prends ton vol, ô ma triste pensée !
Vers les bords adorés de ce lac au flot pur,
Où des pics du Jura l'image nuancée
Se berce mollement dans un limpide azur.

Alors je vois revivre, en un doux clair-obscur,

Du matin de mes jours quelque scène effacée.....

Et ce ressouvenir, à mon âme oppressée,

Rend l'heure plus légère et le présent moins dur.

Cette vision meurt; puis un autre mirage

Vient entraîner mes pas dans un frais paysage : —

Car ces lieux ont pour moi plus d'un charme vainqueur.

Et, dans les prés fleuris, où le Névrin ruisselle,

Je vais pieusement cueillir des vers pour celle

Que ma douce Marie aima comme une sœur.

Pontarlier, 1843.

LE CHARME.

A ÉLODIE.

Quand d'une sombre nuit, que la brume a voilée,
Une brise légère écarte les vapeurs,
Du translucide éther les bleuâtres lueurs
Ravivent par degrés la voûte constellée.

Ainsi mon ciel, qui pleure une étoile exilée,
Se revêt mollement de riantes couleurs,
Lorsqu'au tomber du jour tes chants consolateurs
Viennent rasséréner mon âme désolée.

Oui, ta lyre, ô poëte! a le don merveilleux
D'arracher ma pensée à ces funèbres lieux
Où croit la pâle fleur de la mélancolie :

Et je retouche au seuil des Édens enchantés
Où le cœur, savourant de chastes voluptés,
Au fond du doux nectar ne trouve point de lie.

Bords du lac de St.-Point, 1843.

LES CALICES.

A TERESA.

Heures de miel, où le cœur plein d'ivresse
S'épanouit aux rayons de l'amour,
Comme des flots courant avec vitesse,
D'un vol léger vous fuyez sans retour.

De l'oasis rouverte à ma tendresse,
En s'effeuillant, chaque fleur à son tour
Me dit : Bientôt naîtra le triste jour
Où doit tarir la coupe enchanteresse.

Hélas ! il vient ; — mais en vain les Destins
Rattacheront ma nef aux rocs lointains
Où l'âpre exil me garde ses calices :

O val riant ! asile frais et doux !
Mon âme en deuil, quittant les bords du Doubs,
Viendra parfois savourer tes délices.

Val du Gotteron Fribourg, 1844.

LA FLEUR DE POÉSIE.

A ÉLODIE.

> Fleur qui fait aimer.
> A. Brizeux. (*Ternaires*).

Dans le jardin de Poésie,
    Où Fantaisie
Des rois du luth mène le chœur,

10

Il est une charmante fleur

Dont l'ambroisie

D'allégresse remplit le cœur.

Mais qui veut cueillir sans vertige

La noble tige

Aux régions de l'idéal,

Doit, dans l'éternel festival

Que l'Art dirige,

Des ménestrels marcher l'égal.

O toi ! qu'avec un doux sourire

La Muse inspire

Et, dans son vol harmonieux,

Emporte au jardin merveilleux,

11

Où ton délire

S'épanche en hymnes gracieux ;

Vers l'oasis toujours riante

Et fleurissante

Prends l'essor ; mais, à ton retour,

Que ta lyre ait, pour seul atour,

La fleur charmante

Que l'on cueille en rêvant d'amour.

Val d'Entreporte, 1857.

SOUS UN ORME.

A MARIE.

Sur ce billet, promis tant de fois, ô Marie !

Il est enfin tracé de votre main chérie

Ce mot qui dans mon cœur jette un espoir si doux !

Et, grâce à vous, je sais à présent quelle ivresse

… 14 …

Vient devancer, dans l'âme aimant avec tendresse,
L'heure du rendez-vous.

Oui, sous le dais léger de ces vertes ramures
Qui se bercent au vent avec de sourds murmures,
Je connais maintenant cette fièvre d'amour
Que ressent celui qui, par sa persévérance,
A d'une vierge aimée obtenu l'assurance
De la voir, en secret, à la fin d'un beau jour.

O premier rendez-vous sous l'orme solitaire !
Doux et chaste entretien dans l'ombre et le mystère !
Combien à ton approche est agité mon cœur.....
Ineffable délire, enthousiasme, extase,
Brûlants transports de l'âme où l'amour s'extravase,
Me présagez-vous le bonheur ?

15

POST-SCRIPTUM.

Mais, hélas! sous l'ombreuse voûte
De l'orme au feuillage mouvant, —
Tandis que, les cheveux au vent,
Sur le sentier en vain j'écoute, —
Il pleut fort.... et, d'attendre ainsi,
Oui, grâce à vous, je sais aussi
Ce qu'aux amoureux il en coûte.

1857.

MADRIGAL.

A STELLA.

A l'aube de tes jours, la muse, avec tendresse,

T'a bercée aux refrains de ses chants les plus doux,

Et Mab, la reine-fée, a pour toi fait largesse

De dons plus précieux que perles et bijoux :

18

Esprit, savoir et grâce, ô jeune enchanteresse!
Composent le trésor dont plusieurs sont jaloux,
Et, pour les rendre fous,
Quelque lutin, sans doute, y joignit la sagesse.

1844.

CONSEIL.

A MAX TYROL.

> « Vous seriez ridicule. »
> STELLA à MAX TYROL.

Toi qui, parfois, loin de tout œil jaloux,

Vois rayonner sa poétique flamme ;

Toi qui, le soir, pour consoler ton âme,

Vas t'enivrer de ses hymnes si doux, —

Reporte aux chants que sa lyre module

L'affection dont est rempli ton cœur :

Si tu gardais tendresse à leur auteur,

« Tu serais ridicule. »

Mène à ses pieds ta Poésie en deuil,

Portant au front myrte, lierre et verveine ;

A son désir, du lyrique domaine

Que ton essor franchisse encor le seuil ;

Puise pour elle aux sources de Tibulle ; —

Mais de son luth n'attends rien, en retour :

Si tu croyais aux promesses d'un jour,

« Tu serais ridicule. »

21

Sur son épaule appuyant à demi
Ton front couvert du voile des tristesses,
Cache tes pleurs parmi ses brunes tresses;
Garde ses pas d'un hasard ennemi,
Tandis qu'aux cieux Phœbé luit et circule; —
Mais que jamais un chaste et doux baiser
N'aille, furtif, sur son front se poser.....
  « Tu serais ridicule. »

Sois de Stella le familier servant; —
Mais elle n'est qu'une froide statue,
Et vainement ton âme s'évertue
Pour embrâser ce beau marbre vivant.
Crois-moi, Tyrol : sans regret ni scrupule,
Quitte une femme insensible à l'amour :
Si tu passais près d'elle encore un jour,
  « Tu serais ridicule. »

1844.

ENVOI D'UN CHANT LYRIQUE.

A TERESA,

EN TOSCANE.

> Je t'ai promis des vers, brune enfant de Florence,
> Mais pour te bien chanter les muses de la France
> Ont une voix amère.
>
> A. Brizeux (*Ternaires.*)

Salut à toi qui fis, la première, en mon âme,

Germer de doux pensers et des rêves de flamme !

24

A toi qui, rayonnant sur mon rude chemin,
Électrisas ma vie encore à son matin,
Salut !

Je t'ai revue, aux flancs de nos montagnes,
Telle qu'au doux penchant de tes vertes campagnes,
Je te vis en ces jours où nul nuage obscur
De ton ciel enchanté n'avait terni l'azur,
Lorsqu'allumant pour nous sa flamme sympathique,
L'amour nous dévoilait un horizon magique : —
Seize ans n'ont point détruit le pouvoir merveilleux
Qui fit errer nos pas dans ces agrestes lieux.....

Prête à franchir encor le seuil de la patrie,
Ce vieux Jura que j'aime avec idolâtrie,
Quand l'adieu mit un terme au dernier entretien,

25

A mon humble crayon tu ne demandas rien,

Rien qu'un froid souvenir d'un alpestre voyage,

L'aspect décoloré d'un riant paysage,

Le profil anguleux d'un manoir féodal

Prolongeant dans la nue un front pyramidal,

Ou le galbe élégant de quelque villa neuve

Mirant son mur sculpté dans le cristal d'un fleuve, —

Tribut qu'avec amour l'artiste pèlerin

Au seuil hospitalier dépose de sa main,

Comme le ménestrel qui d'un chant pathétique

Payait sa bienvenue au foyer domestique.

Mais ce crayon timide, en courant sous mes doigts,

Du fluide lyrique est animé parfois,

Et, selon son caprice, en strophe cadencée,

Il fixe au blanc vélin mon errante pensée. —

Et, dans le doux espoir d'un bienveillant accueil,

J'osai te présenter ma jeune muse en deuil,

Qui, mêlant sur son front le myrte et la verveine,

Et baignant de ses pleurs une humble croix d'ébène,

Évoque, au sein des nuits, un fantôme adoré,

Dans l'enclos funéraire aux tombeaux consacré.

Et toi, la saluant avec un doux sourire,

Tu retraças ton chiffre au socle de sa lyre,

Et voulus qu'en son vol au pied des Apennins,

Elle allât te revoir à l'ombre de tes pins.

Salut! au seuil ami de ta haute retraite,

Je dépose aujourd'hui l'offrande du poéte,

Un hymne qu'inspira le doux ressouvenir

De ces jours où son cœur, croyant à l'avenir,

Respirait mollement l'arôme du délice

Que la fleur des amours recèle en son calice.....

. . . .

27

Le barde aurait voulu, dans un calme touchant,

Saluer ton foyer d'un plus suave chant;

Mais, hélas! trop d'ennuis obsèdent sa pensée,

Et trop d'absinthe encore en sa coupe est versée :

Voilà pourquoi ces vers que son luth soupira

Sous les noirs parasols des vieux pins du Jura

Ont l'âpre odeur des bords où son âme affaiblie

S'abandonne au courant de la mélancolie.....

Oui, tandis que ma muse, ouvrant une aile d'or,

Au poétique Éden dirigeait son essor,

Le cœur enseveli dans un funèbre voile,

Je pleurais dans mon ciel la radieuse étoile

Qui guidait mon esquif sur les flots enchantés

Où l'âme se dévoue aux chastes voluptés!

Pontarlier, 1844.

AUBADE.

(Musique de Henry Leblond).

A TERESA.

CHOEUR.

Mêlons nos voix aux doux accords des lyres ;

Fêtons ce jour aux riantes couleurs,

Et pour Thérèse, en nos joyeux délires,
Frères, tressons des couronnes de fleurs !

LE MUSICIEN.

Aux bords latins, la muse enchanteresse,
Pour la Madone, a des hymnes touchants ; —
Mais de mon cœur, plein d'une chaste ivresse,
En ce beau jour, volent de plus doux chants !

CHŒUR.

Mêlons nos voix aux doux accords des lyres;
Fêtons ce jour aux riantes couleurs,
Et pour Thérèse, en nos joyeux délires,
Frères, tressons des couronnes de fleurs !

LE POÈTE.

Au vert Éden qu'habite Poésie,
Il ne croit pas de virginale fleur
Plus douce aux yeux, plus riche en ambroisie
Que toi, corolle où s'enivre mon cœur !

CHOEUR.

Mêlons nos voix aux doux accords des lyres ;
Fêtons ce jour aux riantes couleurs,
Et pour Thérèse, en nos joyeux délires,
Frères, tressons des couronnes de fleurs !

LE PEINTRE.

Aux champs d'azur, où Phœbé l'a suivie,

Brille Vesper, honneur du firmament : —
Au ciel d'amour où mon âme est ravie,
Luit une étoile au rayon plus charmant !

CHOEUR.

Mêlons nos voix aux doux accords des lyres ;
Fêtons ce jour aux riantes couleurs,
Et pour Thérèse, en nos joyeux délires,
Frères, tressons des couronnes de fleurs !

LE STATUAIRE.

Toi qui dotas d'une forme immortelle
Vénus soumise à ton ciseau vainqueur,
Seul, tu pourrais, ô puissant Praxitèle !
Sculpter pour moi l'idole de mon cœur !

CHOEUR.

Mêlons nos voix aux doux accords des lyres ;

Fêtons ce jour aux riantes couleurs,

Et pour Thérèse, en nos joyeux délires,

Frères, tressons des couronnes de fleurs !

Isola-Bella, 1845.

PAGE D'ALBUM.

A MADAME COLOMBE B.

(IMPROVISÉ).

Sur ce feuillet bordé de fleurs au doux langage,
Où quatre colibris posent leurs pieds rosés ;

Sur le vélin lustré de cette étroite page,
Où j'aligne ces vers en quatrains divisés,

Plus d'un barde, animé du feu de poésie,
Rimerait sans effort les pensers les plus beaux :
Il y modulerait, selon sa fantaisie,
Élégie ou sonnets, épître ou madrigaux.

L'amant de Béatrix ou le chantre de Laure
Y ferait ruisseler les larmes de son cœur ;
Parny le remplirait du nom d'Éléonore ;
Chénier de sa Camille y dirait la rigueur.

Mais moi qui, pour parler la langue du trouvère,
D'un luth harmonieux n'ai pas été doté ;

Moi qui suis par le sort exilé de la sphère
Où le génie étend son vol illimité,

Sur ce feuillet bordé de fleurs au doux langage,
Où quatre colibris posent leurs pieds rosés,
Je ne peux vous offrir, comme un lyrique hommage,
Que ces vingt pauvres vers en stances divisés.

Pontarlier, 1850.

SÉRIE DEUXIÈME.

LA TOURMENTE.

A HENRY LEBLOND,

MUSICIEN.

Quand Vogt sur le clavier déchaîne son *Orage*,
Le chant pastoral meurt, et le saint monument
Tremble au sinistre accord du terrible instrument, —
Car l'autan et la foudre y grondent avec rage.

Ainsi ton cœur, jouet d'un funeste mirage,
Vibre aux coups redoublés du plus cruel tourment,
Et, pauvre esquif battu par le flot écumant,
Gémit loin des douceurs du fortuné rivage.

Mais la nue assoupit son orchestre d'airain ;
Un beau soleil rayonne au couchant plus serein,
Et Vogt redit le chœur des bergers d'Arcadie.

De même un jour ton ciel reprendra son azur,
Et dans ton âme calme et goûtant un miel pur
Renaîtra du bonheur la tendre mélodie.

Fribourg, 1844.

LES OASIS.

A HENRY WILLEMIN,

GRAVEUR.

Dans l'immense domaine ouvert devant nos pas
Il est d'âpres sentiers qui mènent à la gloire :
Heureux qui, loin de suivre une étoile illusoire,
Y marche avec ardeur et ne trébuche pas.

L'œuvre des Edelinck a pour toi des appas,
Et, dans le long effort d'un labeur transitoire,
Tu diriges ta nef vers le haut promontoire
Où de l'arc triomphal tu dois franchir le pas.

Ton sillon est pénible, et la moisson tardive;
Mais un baume s'épanche en ton âme captive
Lorsqu'au tomber du jour tu quittes le burin :

Deux immortelles sœurs, Musique et Poésie,
Alors te font goûter, selon ta fantaisie,
De leurs divins concerts le charme souverain.

Les Pargots, 1844.

L'HABITACLE.

A STELLA.

Brune enfant du Jura, je cède à ton désir :
De la ville bruyante à ta voix je m'exile
Et viens le visiter cet élégant asile
Où la lyre, dit-on, charme ton doux loisir.

Quel poétique aspect offre ce lieu tranquille !

Élisa *, pour chanter, n'aurait pu mieux choisir ;

Valmore ou Ségalas se ferait un plaisir

D'y soupirer les vers de quelque chaste idylle.

Oui, tout dit qu'une muse habite ce réduit,

Harmonieux boudoir où ta main m'a conduit ; —

Mais en vain mon regard cherche l'enchanteresse.....

Voilà bien, ô Stella ! le trépied sibyllin,

Les solennels flambeaux, les feuilles de vélin

Et le luth immortel..... Où donc est la prêtresse ?

Ermitage de Monplaisir, 1845.

* Élisa Mercoeur, de Nantes, morte en 1851.

DÉDAIN.

A HENRY WAGER.

De quel droit venez-vous demander à ma lyre

Des accents réservés aux bardes fortunés

Qui, dans la lice ouverte à leur noble délire,

Du laurier triomphal s'avancent couronnés?

Comme les doux concerts du chaste amant d'Elvire,

Du souffle inspirateur vos accords sont-ils nés?

Vers le but glorieux où le génie aspire,

O rapsode inconnu! vos pas sont-ils tournés?

Que m'importe le vol des linots du bocage

Se fourvoyant au seuil de mon vert ermitage :

Le seul essor de l'aigle a des charmes pour moi.

Ah! si votre astre avait une place choisie

Dans le beau ciel de l'art et de la poésie,

Peut-être que ma muse aurait des chants pour toi!

STELLA.

Ermitage de Monplaisir, 1845.

RENVOI D'UN ALBUM

CONTENANT DES POÉSIES BIBLIQUES INÉDITES.

A ÉLODIE.

Dans la coupe d'ivresse

Où boivent les méchants

Ta lèvre enchanteresse

Ne puise point ses chants :

La muse qui t'inspire
En ton brûlant délire
Au Maître de la lyre
N'offre qu'un pur encens.

O sœur en poésie !
Pourquoi cacher ces fleurs
Pleines de l'ambroisie
Si chère à tous les cœurs
Qui d'une impure atteinte
Gardent leur flamme sainte,
En suivant avec crainte
Les sentiers rédempteurs ?

Ah ! pour qu'on les respire
En s'approchant de Dieu,

Mets ces fleurs que j'admire
Aux marches du saint lieu :
Qu'avec leur doux arôme,
L'âme, divin atome,
Vers le céleste dôme
Monte en un vol de feu !

Au seuil des basiliques,
Comme un pieux trésor,
De tes hymnes bibliques
Épand les rimes d'or ;
Aux accords que tu crées,
A tes odes sacrées,
Trop longtemps ignorées,
Imprime un noble essor !

Que la gloire te tente !

Et si d'obscurs pervers

De leur voix discordante

Troublaient tes saints concerts, —

Dis au pieux génie,

A l'ange d'harmonie

Dont la lyre bénie

Module tes beaux vers :

« Des phalanges divines

» Transfuge harmonieux,

» A nos sombres collines

» Dis l'hymne des adieux.

» O chantre solitaire !

» Fuis des fils de la terre

» Le séjour délétère :

» Remonte dans les cieux !

» Que ton front s'y couronne

» D'éternelles splendeurs,

» Et que ton luth résonne,

» En tes saintes ardeurs,

» Ainsi qu'aux jours antiques,

» Sous les sacrés portiques,

» Les harpes prophétiques

» Aux mains des rois-chanteurs ! »

1835.

LES PREMIÈRES NEIGES.

A CHARLES W.

L'Année, effeuillant sa couronne,
Redescend du char de l'Automne.
Sans que l Astre au zénith rayonne
Le jour arrive à son déclin ;

D'un ciel d'Espagne ou de Venise
La Palette n'est plus éprise :
Une brume uniforme et grise,
Inondant l'horizon alpin,
Dérobe à la vue incertaine
Pic neigeux, lac bleu, verte plaine,
Et baigne la crête prochaine
Où pyramide le sapin.

Déjà la dernière hirondelle
Déserte la vieille tourelle
Et s'en retourne à tire-d'aile
Aux chaudes plages du Midi ;
La génisse des métairies
A grand'peine trouve aux prairies
Quelques touffes d'herbes flétries ;
Les lourds fléaux ont rebondi

Sur l'aire où le faucheur dépose

La gerbe du sillon éclose ;

Et le soc déjà se repose,

De la glèbe encore attiédi.

L'Ourse domine sur le Monde.

Des lacs mornes hérissant l'onde,

L'âpre vent du Nord siffle et gronde

Sur les noirs sommets du Jura,

La feuille est chassée aux ravines :

Au front dépouillé des collines

L'œil cherche en vain les aubépines

Où la brise d'Août murmura ;

Les pins tordent leurs chevelures :

Il semble, parmi leurs ramures,

Entendre rouler les murmures

Et les flots d'un Niagara.

Que notre étoile nous protège !
La tempête au sombre cortège
Sous un vaste linceul de neige
Ensevelit pics et vallons ;
La gelée, enfant des froidures,
Aux flancs des rocs pend ses guipures,
De l'humble ruisseau des pâtures
Tarit l'urne au versant des monts,
Et sur le fleuve aux eaux profondes
Arrosant les plaines fécondes,
Etend, comme aux pôles des mondes,
De lourdes nappes de glaçons.

Adieu les longues promenades
Dans les bois aux vertes arcades

Qui résonnent des sérénades
De mille oiseaux groupés en chœurs;
Adieu les haltes prolongées
Aux bords des sources ombragées,
Baignant de leurs nappes frangées
Nénuphars et calthas en fleurs;
Adieu les molles rêveries
Par les sentiers, par les prairies,
Et les nocturnes causeries
Autour du foyer des pasteurs.

Adieu les courses vagabondes
Dans le pays des fiers Burgondes,
Dans les plaines fraîches et blondes
Où dorment les sept lacs romands;
Adieu, lointains pèlerinages
Aux nobles débris où les âges

Ont parsemé de saxifrages

Les acanthes des ornements;

Adieu, solitudes secrètes,

Doux asiles, chastes retraites

Dont les peintres et les poètes

Sont aujourd'hui les seuls amants.

Nous n'irons plus, sur cette rive

Que longe une forêt déclive,

Couvrir l'anneau qui tient captive

L'humble nacelle du pêcheur,

Et, loin du saule qui l'ombrage,

Sur le lac au double rivage

Où Saint-Point mire son image,

Du soir respirer la fraîcheur, —

Pendant que la Joux, haute et sombre,

Se couronne d'astres sans nombre,

Et que de la reine de l'ombre
Le flot réfléchit la splendeur.

Nous n'irons plus, du haut des cimes
De nos monts sillonnés d'abîmes,
Contempler les Alpes sublimes
Scintillant aux feux du matin,
Et, vers l'horizon d'Italie,
Le Léman, dont l'arc s'y replie,
Diaprant sa vague assouplie
De saphir, de nacre et d'orpin, —
Tandis qu'au-dessus de nos têtes
Le vent précurseur des tempêtes
Des mélèzes berce les faîtes
Et courbe le fût du sapin.

Les rocs brunis où, blanc d'écume,

Le Doubs s'élance, tombe et fume;

Ce val où retentit l'enclume;

Ces murs qu'habite le hiboux,

Où nécromans, lutins et gnômes,

Noir essaim d'horribles fantômes

Venus des ténébreux royaumes,

Jadis, se donnaient rendez-vous;

Ce romantique paysage,

Ce torrent, ce moulin sauvage

Qui vit sortir sa fière image

Du hardi pinceau de Gigoux;

Ces bois touffus, ces bords, ces grèves,

Ces lieux, où tant de fois nos rêves

Nous ont fait des heures si brèves,

Ne verront plus nos mains cueillir,

Sur les pas de la Fantaisie,

La noble fleur de Poésie, —

Où, d'enthousiasme saisie,

Ta plume instaurer, sans faiblir,

Pour un panthéon magnifique,*

Ces gloires du sol jurassique,

Astres qu'au beau ciel artistique

Nos pères ont vus resplendir.

C'est l'heure triste et solennelle

Où la Muse ferme son aile

Et suspend sa lyre fidèle

Au mur de notre humble foyer.

Pleurant son beau ciel jaune-rose,

Ses bois qu'une cascade arrose,

Ses fleurs où l'abeille se pose,

* LES MAITRES ILLUSTRES DU JURA.

Et son châlet hospitalier,
Elle éteint ses rêves de flamme
Qui de nos jours doraient la trame,
Lorsqu'aux régions de notre âme
Leurs vols venaient se déployer.

Ainsi, quand l'âge nous couronne,
Et qu'au penchant de notre automne
L'illusion nous abandonne,
Nous voyons le doux horizon
Se voiler de vapeurs funèbres ;
Et tous, inconnus ou célèbres,
Prêts à marcher dans les ténèbres
Au seul flambeau de la raison,
Nous jetons un adieu suprême
Aux bords chéris où le cœur aime, —

65

Où s'arrêta notre trirème

Pendant notre verte saison.

Pontarlier, 1845.

ÉPODE.

(FRAGMENT).

LE POÈTE.

Trouvère aventureux qu'une humble muse inspire,
  J'osai, dans mon lyrique essor,
Dérober aux vallons du poétique empire
  Quelques fleurettes au cœur d'or, —

De celles qu'en naissant la docte Symbolique

Dota d'un langage d'amour,

Et qu'un barde importa de la terre italique

Aux bords du Rhône et de l'Adour.

Tout humides encor des pleurs de la rosée,

Leurs calices purs exhalaient

Un arôme léger du sublime Élysée

Où les Neuf-Sœurs les recélaient.

Avec soin je gardai leurs frêles pétioles

Du choc des fougueux aquilons,

Et leurs chastes pistils, des baisers malévoles

Des chenilles et des frelons.

En faisceaux je nouai, selon ma fantaisie,

Ces tendres primeurs du matin,

Et mis artistement ces fleurs de poésie

Dans un beau vase florentin,

Fragment inaltéré de l'œuvre gigantesque

Des anciens maîtres du ciseau :

Vase au galbe élégant, mais où nulle arabesque

  N'étend son fantasque réseau ;

Pareil à ceux qu'aux bords de la Sorgue azurée,

  De son harmonieuse main

Pétrarque cisela pour sa Laure adorée,

  Astre de son noble chemin. —

Et comme un pur encens brûlé devant l'image

  De ceux que l'on aime à bénir ;

Comme un pieux tribut, un légitime hommage

  D'un luth fidèle au souvenir,

J'en fis l'humble présent à ceux qui dans mon âme,

  Versant des baumes généreux,

De l'amitié sacrée ont allumé la flamme,

  Et m'ont fait des jours plus heureux.

De doux ressentiments poétiques symboles !

  Loin de tout regard indiscret,

Et près de nobles cœurs, ces modestes corolles

  S'épanouissaient en secret,

Sans craindre que jamais un seul de leurs pétales
   Fût le jouet de l'ouragan,
Ni qu'un impur limas de gluantes spirales
   Polluât leur vase toscan.

Depuis lors, je ne sais quel perfide génie,
   M'enivrant d'un philtre enchanteur,
Fit à mes yeux, au sein d'une nuit d'insomnie,
   Luire un mirage séducteur,
Et, loin du chaste asile où ma muse sereine
   Aimait à dérober ses pas,
Entraîna mon essor vers la bruyante arène
   Ouverte à d'éternels combats.
Prisme fallacieux ! mirage dérisoire !
   Comme, sur l'humide élément,
Un nautonnier que leurre un fanal illusoire,
   Je m'aventurai follement

Aux abords redoutés du forum où la Presse,

    Du haut de ses rostres d'airain,

Donne louange ou blâme à quiconque s'adresse

    A son oracle souverain.

Parmi quelques noms chers aux muses franc-comtoises

    Inscrivant mon chiffre inconnu;

Salué dès l'abord de paroles courtoises

    Dont mon cœur s'est ressouvenu,

Je vins en pleine rue exposer les fleurettes

    Que se plut à cueillir ma main,

Mes bleus myosotis, mes blanches pâquerettes,

    Mes pervenches et mon jasmin,

Sans songer qu'un bouvier, dans son allure brusque,

    Pourrait avec son lourd sabot,

Ainsi qu'un vil caillou, heurter mon vase étrusque,

    Et l'écorner de son pied bot!

LE CHOEUR.

Pardieu! pour s'endormir, ton luth, — en conscience, —
Est un excellent instrument :
Au murmure plaintif de ta rime en cadence
On peut sommeiller aisément.

Comme le timbre usé d'une vieille guimbarde,
Ta triste lyre n'a qu'un son ;
Et l'oreille à la fin se lasse, ô pauvre barde!
D'entendre la même chanson.

Vois des maitres de l'art la manière assouplie,
Et tâte un peu du contre-point :
Les chants y sont divers, mais un accord les lie,
Et l'ennui n'en découle point.

Marche! l'immobilisme est un mauvais système :
L'artiste n'est pas un Santon.*
Si tu veux qu'on t'écoute, il faut changer de thème,
Ou chanter sur un autre ton.

* Espèce de moine Mahométan.

LE POÈTE.

Quand le hardi nocher, sur la foi des étoiles,
  Quitte les doux loisirs du port,
Au souffle de la brise ouvrant ses blanches voiles,
  Il conduit sa nef sans effort,
Et, mollement bercé par l'onde qui murmure,
  Il vogue d'abord librement
A la seule clarté que, sur sa route obscure,
  Jettent les feux du firmament ;
Puis, lorsque dans le ciel, plein de teintes funèbres,
  L'astre voile son doux rayon,
Et que, sur les flots noirs, hurlant dans les ténèbres,
  La brise devient aquilon.....
. . . .

Pontarlier, 1846.

SÉRIE TROISIÈME.

LES FRAGMENTS DE L'ART CATHOLIQUE.

I.

A JEAN-PIERRE-CASIMIR FAVIER,

SCULPTEUR.

> Restes qu'on aime et qu'on révère !
> V. Hugo. (*Odes*).

> Le poète a pour toi des bouquets d'immortelles.
> Th. Gautier. (*Comédie de la Mort*).

Les bardes pèlerins aiment à visiter

Les restes ciselés du bel art catholique :

Devant tout sombre mur qu'orna la Symbolique

Ils vont pieusement rêver ou méditer.

Asiles que la Foi vint jadis habiter,

Les noirs arceaux d'un cloître ou d'une basilique

Parlent à leur pensée et la font remonter

Aux siècles radieux de l'ère évangélique.

Et lorsqu'à leurs regards, sur quelque monument,

Surgit de l'œuvre gothe un merveilleux fragment

Qu'un ciseau véridique avec amour restaure, —

D'un talent ignoré proclamant la grandeur,

Ils couronnent le front de l'austère sculpteur

De fleurons immortels pris au jardin d'Isaure.

Pontarlier, 1844.

LES FRAGMENTS DE L'ART CATHOLIQUE.

II.

AUX BADIGEONNEURS
DES SCULPTURES DU CLOITRE DE MONTBENOIT.

> *Margaritas ante porcos.*
>
> Le poète est leur juge.
> V. Hugo. (*Feuilles d'Automne*).

Si le barde a des fleurs pour l'habile instrument
    Que l'art religieux anime,

Il doit à qui profane un antique fragment
Un tribut non moins légitime.

Quand un baveux enduit, un lourd empâtement
Du sceau de la laideur imprime
Le marbre historié d'un noble monument,
Vieux témoin d'une œuvre sublime ;

Lorsque des bas-reliefs nés d'un penser divin,
Poèmes ciselés des émules d'Erwin, *
S'écroulent sous des mains brutales, —

Faisant de son hommage un éternel affront,
Il crie : Anathème aux Vandales !
Et du fouet d'Archiloque il les flagelle au front.

Cloître de Montbenoît, 1844.

* Erwin de Steinbach, architecte de la cathédrale de Strasbourg.

LES NOUVELLES IDOLES.

A M. DÉSIRÉ LAVERDANT.

> Aujourd'hui, chez la jeunesse française,
> le rival de la passion divine, c'est le Tabac.
>
> D. LAVERDANT. *(De la Mission de l'Art).*

Un jour, méconnaissant le Dieu qui le ramène

Des sables de Memphis aux vallons paternels,

Israël s'abandonne aux appétits charnels,

Et, devant le Sina, dresse une idole obscène.

Ainsi du chaste Amour, fleur de la vie humaine,

Nous avons délaissé les radieux autels ;

Nous n'allons plus chercher, dans son riant domaine,

L'idéal qu'ont chanté les bardes immortels.

En vain Vénus pudique appelle notre flamme ; —

D'autres divinités ont captivé notre âme :

Leur culte est célébré de la Loire au Krapach ;

Le prêtre est un valet ; le temple, une taverne :

Dans un air empesté, sous un jour faux et terne,

Nous allons adorer la BIERRE et le TABAC !

Berne, 1845.

LE SONNET AU XIXe SIÈCLE.

A M. L'ABBÉ J.-M. SUCHET.

(IMITÉ DE SAINTE-BEUVE).

> J'ai bien peur, ami, que ta voix taciturne
> Ne chante faussement, comme l'oiseau nocturne.
> A. Barbier. (*Il Pianto*).

> Les chansons d'autrefois toujours nous les chantons.
> A. Brizeux. (*Marie*).

Frondeur, ta thèse est fausse, et le fait te dément.

Cette fleur, qui nous vint des champs de l'Ausonie,

Du Parnasse français n'a pas été bannie :
Elle est encor des luths le plus riche ornement.

La muse de Barbier, pleurant sur l'Italie,
Pour la cueillir fait trêve à son gémissement ;
Et Delatour, qu'inspire un gracieux génie,
Au bleu myosotis la mêle artistement ;

Sainte-Beuve suspend ce beau fleuron étrusque
Au fauteuil d'Académe, et nul ne s'en offusque ;
Et Gauthier l'entrelace aux trèfles de sa *Tour*.

Oui, le SONNET est cher aux lyres de la France :
Chaque printemps, aux Jeux qu'institua Clémence,
Il brille au front des rois du gai savoir d'amour.

Pontarlier, 1846.

L'OVATION.

A M. AUGUSTE DEMESMAY,

DÉPUTÉ DU DOUBS.

Les merveilleux archets des rois de l'harmonie
Pour enchanter l'oreille ont des charmes puissants,
Et le luth immortel, sous le doigt du génie,
Pour captiver notre âme a de tendres accents.

La bouche d'une vierge a des mots caressants

Pour embrâser nos cœurs d'une amour infinie :

Ainsi, pour émouvoir et l'esprit et les sens,

Il est d'heureux accords dont la source est bénie.

Mais parmi les sons nés des organes humains,

Qui font le mieux vibrer nos lèvres et nos mains

Et frémollir notre être en sa plus pure essence, —

O poète! en est-il d'aussi doux que la voix

De tout un peuple libre, au tribun de son choix,

Chantant l'hymne sacré de la reconnaissance?

Pontarlier, 1846.

LETTRE

DE M. AUGUSTE DEMESMAY

A L'AUTEUR.

« Merci, mon cher Wager, merci de tout cœur de votre
» très gracieux sonnet. Il ravive en moi le souvenir de l'un
» des plus beaux, des plus honorables jours de ma vie, et
» je le place avec bonheur dans ma collection de témoignages
» du même genre me venant un peu de tous les coins de
» la France.
» Oui, vous dites vrai, la reconnaissance du peuple est
» une douce et sainte chose, soit que l'expression nous en

» arrive, franche et naïve, dans la lettre de quelque agri-
» culteur du fond de la Bretagne ou des Pyrénées, soit
» qu'elle nous vienne, comme vous me la faites parvenir
» aujourd'hui, revêtue des formes élégantes de la poésie,
» soit enfin qu'elle se traduise dans une lettre de Béranger
» ou de Lamennais.

» Quand, comme cela m'est arrivé l'an passé, elle se
» produit dans les manifestations d'une population entière,
» venant recevoir un des siens avec des témoignages d'af-
» fection et d'estime non équivoques, elle devient quelque
» chose qui jette dans l'âme de celui qui en est l'objet une
» de ces émotions qu'aucun mot ne saurait rendre. Vous
» avez compris cela, et vous l'avez exprimé très dignement
» dans ces vers que vous m'adressez. Vous voudriez que je
» vous en grondasse, je n'en ai certes pas la tentation ; je
» ne sais que vous en remercier bien sincèrement d'ici, en
» attendant que je le fasse très prochainement de vive voix.

» Croyez moi bien, mon cher poète, votre tout dévoué
» et affectionné compatriote et ami.

Aug. DEMESMAY.

Plombières, août 1847.

FINIS POLONIÆ.

(FRAGMENT).

. . . .

. . . .

CHOEUR.

Le laurier triomphal à vos armes se lie :

L'ordre règne en Pologne ; il règne en Italie.

Ceignez vos nobles fronts d'une tresse de fleurs !.

Du nectar le plus doux votre coupe est remplie ;

Goûtez, goûtez en paix l'ivresse où l'on oublie

Ce qu'un peuple conquis appelle ses malheurs !

. . . .

. . . .

ANTICHOEUR.

Honte à qui peut chanter, dans une infâme orgie,

Le triomphe sanglant du Kosaque oppresseur ;

A qui peut de ce Tzar encenser l'effigie,

Quand la Pologne râle aux pieds de l'égorgeur !

. . . .

. . . .

. . . .

. . . .

1831.

CHOEUR.

Celui qui, poursuivant un idéal austère,

Consacre au bien public son temps et ses travaux,

A droit qu'à ses côtés la lyre, — tributaire,

Module incessamment des chants toujours nouveaux;

Parmi les noms aimés que l'histoire crayonne

Il a droit que son nom d'un vif éclat rayonne,

Et qu'applaudi de tous, comme au vainqueur romain,

On lui décerne une couronne

A chacun de ses pas dans ce noble chemin !

1853.

ADIEU, RANZ ET NOËLS.

A KARL.

Il est bien loin cet âge où les chansons des pâtres
    N'étaient que de naïfs accents,
Éclos d'un luth rustique, en nos rochers grisâtres,
    Et pareils aux vieux ranz romands.

Les fils de nos hameaux, contre l'argot des halles
Changent le paternel patois,
Et leur voix ne sait plus, aux fêtes patronales,
Chanter les noëls franc-comtois.

Et d'ignobles refrains, nés parmi les bouteilles,
Dans les guinguettes de Paris,
Ont parfois des échos sur les lèvres vermeilles
Des jeunes filles du pays.....

1838.

RESSOUVENIR D'UN BAL

AU FORT DE JOUX.

(20 DÉCEMBRE 1840).

I.

Noir donjon qui, toujours fouetté des aquilons,

Dresses tes flancs à pic aux bords de deux vallons ;

Toi qui, dans le secret d'une tombe ignorée,

Caches d'un Spartacus la cendre inhonorée ;

O reste féodal, par la guerre amoindri,

Du gothique manoir de Berthe et d'Amaury !

Sentinelle comtoise, à l'attitude altière,

Qui, veillant nuit et jour, debout sur la frontière,

Découpes sur un ciel d'opale et de saphirs

Ton rude et noble front chargé de souvenirs.....

Te souvient-il encor de ces heureux du monde

Qui, grimpant à tes murs par une nuit profonde,

Et de leurs doux ébats égayant ton séjour,

On fait réverbérer sur les bois d'alentour

Les tremblantes clartés de leurs torches de fête ?

II.

La lune du Larmont n'argente point la crête ;

La gelée hivernale emprisonne les eaux ;

La neige en tourbillons étend ses froids réseaux,

Et d'âpres vents du Nord, orchestre de l'orage,

Hurlent en tournoyant dans la gorge sauvage.....

Cependant, à minuit, les fenêtres du bal

Rayonnent au pourtour du donjon féodal :

Ainsi brillait jadis, au penchant des clairières,

Un cercle de flambeaux qu'allumaient les sorcières,

Lorsqu'au nocturne appel d'une magique voix,

Les Esprits évoqués s'assemblaient dans les bois.

Des attraits du plaisir souveraine puissance !

A peine au doux midi de leur adolescence,

Vingt beautés, affrontant la tourmente et le froid,

Et gravissant dans l'ombre un sentier rude, étroit,

Sans faiblir un instant, ni jeter une plainte,

Du vieux Fort ont franchi la haute et triple enceinte.

Les voici dans la salle : aux clartés des flambeaux,

S'offrent aux yeux charmés leurs groupes,—les plus beaux

Que puissent agencer, pour l'éclat d'une fête,

Ces filles de nos monts, que nul danger n'arrête.

Les archets et les cors ont donné le signal,
Et vingt couples rivaux ouvrent gaîment le bal.

» A pas légers, avancez en cadence
» Dans la carrière ouverte à votre essor,
» Vous qui, la nuit, pour briller à la danse,
» Bravez frimas et fougueux vents du Nord ;
» Du bal riant savourez les prémices,
» Comme aux banquets l'on goûte avec délices
» Le premier flot d'une exquise liqueur :
» Sous le pouvoir du dieu qui vous protège,
» Autour de vous voltigent en cortège
» Pensers d'amour et rêves de bonheur ! »

Nulles fleurs, dans la salle, aux feux des girandoles,
N'étalent en faisceaux leurs brillantes corolles,
Et, comme un pur hommage émanant de leur sein,
Ne répandent dans l'air leur parfum doux et fin ;
Mais du sapin des monts la sombre chevelure,
Se courbant en arceaux, y montre sa verdure,
Et, par son harmonie avec l'aspect local,
Donne une teinte agreste aux charmes de ce bal.

.

L'alto résonne encore, et la basse accompagne ;
L'orchestre prend de Strauss la fantastique voix,
Et, sur le rhythme cher aux fils de l'Allemagne,
Vingt couples enlacés s'envolent à la fois.

» Avec ardeur tournoyez en cadence
» Aux sons aimés des blonds enfants du Nord,

» Vous qui, la nuit, pour briller à la danse,

» Aux flancs d'un pic cheminez sans effort;

» Du bal joyeux savourez les délices,

» Comme aux banquets l'on goûte les calices

» Qu'empourpre ou dore une heureuse liqueur :

» Sous le pouvoir du dieu qui vous protège,

» Autour de vous voltigent en cortège

» Pensers d'amour et rêves de bonheur ! »

Doux moments! Au dehors, des cimes aux vallées
Ne tourbillonnent plus les neiges flagellées;
Le vent glacé du pôle assoupit sa fureur,
Et l'étoile au zénith épanche sa lueur.
Des heures de la nuit marquant le pas sonore,
Le timbre du donjon vibre et résonne encore :
C'est l'instant solennel choisi pour le festin
Qui va nouer ici la veille au lendemain.

III.

» Tandis qu'au dehors l'aquilon repose,
» De ce bal charmant suspendez les jeux ;
» Pour vous le plaisir se métamorphose
   » Sur ce pic neigeux.

» Sous les vieux arceaux du manoir de Berthe,
» Réunissez-vous, conviés heureux ;
» Voilà le signal : la table est couverte
   » D'apprêts savoureux.

» Pour vous du chasseur la meute courante
» A fouillé vallons et bois et roseaux,

» Et le pêcheur a, dans l'eau transparente,
» Plongé ses réseaux.

» Aux places d'honneur conduisez les belles,
» Cavaliers servants du banquet joyeux ;
» Leur cœur, des doux soins que l'on prend pour elles,
» N'est point oublieux.

» Qu'aux charmants propos où l'esprit pétille
» Les rires bruyants se mêlent en chœur,
» Et que jusqu'au jour l'allégresse brille
» D'une même ardeur !

» Que le chambertin empourpre les verres
» Où son doux parfum succède à l'arbois,
» Et que pour les chants de nos gais trouvères
   » S'accordent les voix !

» Chantez et buvez à vos plus jolies !
» D'un commun accord, convives courtois,
» Videz en ces toasts vos coupes remplies
   » De vin champenois ! »

IV.

Mais déjà sur nos monts l'on voit poindre l'aurore.....
L'harmonieux archet se fait entendre encore,
   Et prélude à des jeux nouveaux ;
Élégants cavaliers et gracieuses filles,

Accourant à l'appel, reforment des quadrilles

En prolongeant de doux propos.

L'alto vibre, et la danse au sympathique empire

Conduit à pas légers les couples en délire

Dans son dédale ingénieux ;

Et les murs du donjon, de leur base à leur faîte,

Résonnent des transports de la joyeuse fête

Abrégeant la nuit en ces lieux.

Mais l'orchestre interrompt les ébats du quadrille.....

Aux sons des vifs archets, dont le rhythme sautille,

Répondent les cuivres bruyants :

De l'œuvre de Musard c'est la folle musique

Groupant avec ardeur, dans son vol frénétique,

La foule en en cercles tournoyants.

» D'un pied léger, bondissant en cadence,
» Parcourez l'orbe ouvert à votre essor ;
» Précipitez les doux jeux où la danse
» Mêle vos pas en un charmant accord ;
» Goûtez du bal les dernières délices,
» Comme aux banquets l'on vide les calices
» Qu'empourpre encore une heureuse liqueur :
» Sous le pouvoir du dieu qui vous protège,
» Autour de vous voltigent en cortège
» Pensers d'amour et rêves de bonheur ! »

De l'antique donjon l'aube a blanchi le faîte,
Et les derniers ébats de la nocturne fête,
Dont le bruit se marie aux appels du tambour,
Expirent mollement au frais lever du jour.

Pontarlier, 1843.

NOTE.

Toi qui, dans le secret d'une tombe ignorée,

Caches d'un Spartacus la cendre inhonorée.

    Ces vers ont été écrits en 1845. A cette époque, on n'avait pas encore retrouvé les restes de Toussaint-Louverture, malgré les recherches faites, postérieurement à l'année 1830, par plusieurs officiers de la garnison du Fort de Joux. Seulement, un fragment du crâne de Toussaint, donné par M. Roland, pharmacien, était déposé à la bibliothèque de la ville de Pontarlier. Le cercueil du général nègre n'a été découvert qu'en 1850, par M. Bailly, capitaine du génie, dans le caveau d'une ancienne chapelle située sur la place de la caserne du Fort. La tête de Toussaint en a été extraite : elle est maintenant placée dans la casemate où ce chef des noirs de Saint-Domingue fut détenu, et où, le 17 germinal an XI, « on le trouva mort de » douleur et de froid à côté d'un brasier ardent qui n'avait pu » réchauffer ses membres glacés par les frimats de nos mon- » tagnes. » On remarque, à la partie supérieure du crâne, l'ouverture pratiquée par les docteurs Gresset et Tavernier qui furent chargés de faire l'autopsie cadavérique de celui qui, écrivant au général Bonaparte, adressait ainsi sa dépêche : *Le premier des noirs au premier des blancs.*

LE CHANT DES ARTILLEURS.

A LA COMPAGNIE D'ARTILLERIE

DE LA GARDE NATIONALE DE PONTARLIER.

1848.

PRÉLUDE.

Des canonniers m'ont dit : « Poète,

« Donne l'essor à tes chansons ;

« Ta lyre, dans nos jours de fête,

« Doit moduler de nobles sons :

« Chante l'Artillerie ;

« Cette arme fut toujours l'honneur de la Patrie. »

Mon luth, dans un coin solitaire,

Dormait, oublié de mes doigts ;

Au bruit de l'airain militaire

Ma muse, ranimant sa voix,

Chante l'Artillerie ;

Cette arme fut toujours l'honneur de la Patrie.

O vous ! qui d'un rouge symbole

Ornez vos civiques schakos,

Ma muse dans vos rangs s'enrôle ;

Qu'elle y trouve d'heureux échos !

Chantez l'Artillerie ;

Cette arme fut toujours l'honneur de la Patrie.

CHANT.

Toujours la France au champ de gloire

A vu briller ses canonniers ;

Pour leurs fronts la main de l'histoire

Tresse encor d'immortels lauriers.

Chantons l'Artillerie ;

Cette arme fut toujours l'honneur de la Patrie.

Pour changer la face du monde

Son foudre est l'agent souverain :

L'Europe tremble quand il gronde

Dans les Alpes ou sur le Rhin.

Chantons l'Artillerie ;

Cette arme fut toujours l'honneur de la Patrie.

Lorsqu'aux défis de l'Angleterre

Répondaient nos vaillants marins,

Ces braves mêlaient son tonnerre

A leurs patriotes refrains.

Chantons l'Artillerie ;

Cette arme fut toujours l'honneur de la Patrie.

Quand, pour nous venger d'un outrage,

Combattait le grand empereur,

La voix des canons, dans l'orage,

Fêtait ce terrible artilleur.

Chantons l'Artillerie ;

Cette arme fut toujours l'honneur de la Patrie.

La France a pour toutes ses gloires

Des blocs ciselés de Paros ;

Mais sur le bronze des victoires

Elle inscrit les noms des héros.

  Chantons l'Artillerie ;

Cette arme fut toujours l'honneur de la Patrie.

Si jamais des rois en démence

Osaient envahir nos sillons,

Puissent les enfants de la France,

En foudroyant leurs bataillons,

  Chanter l'Artillerie,

Cette arme qui toujours défendra la Patrie !

Pontarlier, 1848.

RESSOUVENIR D'UN BANQUET.

AUX OFFICIERS NEUCHATELOIS,

ORDONNATEURS DU BANQUET MILITAIRE DU 2 FÉVRIER 1849,

AUX VERRIÈRES (SUISSE).

> Étranger, vous m'avez accueilli comme un frère,
> Et fait asseoir dans vos banquets.
> V. Hugo. (*Odes*).

I.

Artisans montagnards, dont les hautes demeures

Résonnent jour et nuit du saint bruit du travail,

Vous dont l'art merveilleux règle les pas des heures

Dansant d'un pied léger sur un disque d'émail ;

Et vous dont les labeurs, sur des bords pleins d'ombrages,

Fécondent des côteaux peuplés de pampres verts,

   Habitants de ces beaux rivages

Que deux lacs argentés baignent de leurs flots clairs !

Vous qui, des Brandebourg brisant l'aigle héraldique,

Avez, dans un beau jour, au cri de liberté !

Constellé vos couleurs de la croix helvétique,

Vieux labarum d'un peuple au courage indompté ;

Vous qui, près d'un sol libre indignés d'être esclaves,

Avez, au bruit lointain de glorieux combats,

   Rompu les royales entraves

Qui cent quarante-un ans ont arrêté vos pas !

Enfants régénérés de la terre jurane !

De généreux instincts vos cœurs sont animés :

En tranchant un lien que la raison condamne,

Vos bras intelligents vengeaient des opprimés.

Un égoïsme froid n'a point glacé votre âme,

Et votre sympathie est aux peuples martyrs

      Qui, depuis Pesth jusqu'à Bergame,

Succombent sous le fer des sauvages Baschkirs.

Salut ! — Humble rhapsode, aux branches de ma lyre

Mêlant au noir cyprès le bleu myosotis,

J'osai, dans vos banquets pleins d'un joyeux délire,

Evoquer cette muse, enfant de Némésis,

Dont Chénier s'inspirait à son heure suprême ;

Celle qui, sans pitié, châtiant des pervers,

      Imprime sur leur face blême

Le stigmate infâmant d'un implacable vers.

De la voix et des mains vous l'avez applaudie
En la voyant surgir dans sa mâle beauté.
En virulants accords de sa lèvre hardie
Jaillissait largement son ïambe irrité :
Sur les hommes du jour, âpres à la curée,
Sur de hauts apostats dont l'or est le seul dieu,
  L'austère et sublime inspirée
Lançait en traits cuisants la satire de feu.

Prolongés en échos tonnant dans l'auditoire,
Vos applaudissements l'ont saluée encor,
Lorsque, ressuscitant une héroïque histoire,
D'un chef aventureux elle suivait l'essor
Aux bords de l'Eridan, du Nil, du Borysthène,
Et qu'elle vous montrait, si beaux de leurs exploits,

Les soldats du grand capitaine,

Foulant d'un pied vainqueur les sceptres de vingt rois.

La gloire de la France électrisait la lyre

De cette muse offerte à vos regards amis,

Lorsqu'aux brûlants transports d'un belliqueux délire,

Elle éveillait en vous tant d'échos endormis. —

Mais en donnant l'essor aux chants d'une épopée,

.   .   .   .   . le césar d'Occident

Qui, fort d'une invincible épée,

.   .   .   .

Non : d'une sainte Cause inflexible prêtresse,

.   .   .   .   . du nombre de ses dieux,

Comme la Pythonisse en son ardente ivresse,

Elle fit, à sa voix, resplendir à vos yeux

Le spectre impérial du grand . . .

Tandis que, maudissant des jours d'adversité,

  Son luth, devant l'ombre splendide,

Répercutait le cri d'une âpre vérité.

Et quand son dernier chant vint frapper votre oreille,

Quand, du pied ciselé d'un bronze triomphal,

Elle vous fit voir L'HOMME, héroïque merveille,

Remontant radieux sur le haut piédestal,

Elle . . . . son front devant l'idole ;

Mais, d'un choc désastreux ravivant le tableau,

  Elle inscrivit sur la coupole :

. . . .

Ainsi, dans vos banquets, la muse aux vers de flamme,

Sublime vengeresse, apparut à vos yeux,

Et par mon humble organe électrisa votre âme
Aux grands ressouvenirs d'un passé glorieux ;
Ainsi, convive obscur, à vos hymnes de fête
Entremêlant parfois de belliqueux accents,
  Je fus parmi vous l'interprète
Des bardes dont la lyre a des accords puissants.

Combien il me fut doux ce poétique rôle !
Des salves de bravos m'accueillirent en chœurs ;
Et vous, encore émus de l'ardente parole
Dont chaque son rythmé fit palpiter vos cœurs,
Vous m'avez tous pressé dans vos mains fraternelles, —
Et, de l'amitié sainte allumant le flambeau,
  Dans vos agapes solennelles,
Vous m'avez dit : « A toi, jusqu'au seuil du tombeau ! »

Pontarlier, 1850.

II.

Et cependant, avant ces heures d'allégresse
Où nous chantions en chœur la jeune Liberté,
Jamais un hymne, éclos de ma lyrique ivresse,
N'avait sur votre sol été répercuté ;
Jamais, faisant vibrer le sistre du rhapsode,
Je n'avais, sur vos monts, redit dans mes concerts
      Quelque glorieux épisode
Des temps où l'Helvétie osa briser ses fers !

Pourquoi donc cet accueil si plein de courtoisie
Fait au barde, étranger à vos nouveaux destins?
Ah ! sans doute, en goûtant le vin de poésie
Dont je versai l'amphore en vos brillants festins,
Des amis vous ont dit : — « D'une libre origine

» Il porte sur le front l'ineffaçable sceau,

» Et votre noir Jura domine

» Les bords charmants où Dieu mit son humble berceau ! »

Oui, la rive sonore où votre lac murmure

Est le sol adoré qui m'a donné le jour :

Et ces bords où le pampre étage sa verdure,

Ce vallon où Rousseau se choisit un séjour,

Ces vergers entourant d'un frais rideau d'ombrage

Bevaix, où mes destins peut-être iront finir,

Ont, dès le matin de mon âge,

Imprimé dans mon cœur plus d'un cher souvenir.

Enfant, je visitai l'enceinte crénelée

Des vieux donjons dressés au flanc de vos côteaux ;

A l'ombre de leurs murs, où croit la giroflée,

Je rêvai bien souvent à ces fastes si beaux
Gravés par vos aïeux avec le fer des piques,
Lorsque, frappant au cœur la Féodalité
    Dans cinq batailles homériques,
Ces hardis montagnards fondaient leur liberté.

Que de fois, en suivant le saint itinéraire
Qui depuis Valmarcus mène aux champs de Morat,
J'évoquai, sur ces bords, l'ombre du *Téméraire*
Fuyant, désespéré, vers les pics du Jura !
Que de fois j'ai cru voir chevaliers et vidames,
Comme des épis mûrs en un jour de moisson,
    Fauchés par les terribles lames
Des fiers confédérés, sous les murs de Grandson !

Au murmure des flots, quand les nuits constellées

Répandaient sur le lac leur molle obscurité,

J'aimais à ranimer ces ardentes mêlées

Où l'oppresseur trouvait un trépas mérité :

Dans le mirage heureux d'un songe ossianique,

Je les voyais, ces fils de Mecthal et de Tell,

    Secouant un joug tyrannique,

Répéter du Grütli le serment immortel !

. . . .
. . . .

Morteau, 1851.

SÉRIE QUATRIÈME.

NE LES ÉCRIS PLUS.

A JULIE.

Quand la mort eut pris ma douce Marie,
Ton parler touchant me calma l'esprit :
Ton âme est la sœur de l'âme chérie
    Que la mort me prit.

De mes jours passés déroulant la trame,
J'y vois des fils d'or par ta main tressés :
D'une amitié sainte a brillé la flamme
    Dans nos jours passés.

Il éclaire encor ma route aplanie,
Le phare allumé d'un commun accord ;
Sur ma nef qu'entraîne une brise amie
    Il rayonne encor.

Au fond de mon cœur il fleure sans cesse
Le doux souvenir des jours du bonheur ;
Son arôme pur bannit la tristesse
    Du fond de mon cœur.

Ne m'adresse plus ces tardifs murmures
D'un cœur regrettant des jours révolus ;
Ces mots révélant d'intimes blessures,
Ne les écris plus.

De ton souvenir écarte ces heures
Dont le vol, muet pour toi, va finir :
Ils vont s'imprimer les sons que tu pleures
Dans ton souvenir.

Je te reverrai sous le vert ombrage
Où, le cœur tranquille, avec toi j'errai ;
Bientôt, sous le ciel du natal rivage,
Je te reverrai.

Buthiers, 1846.

SUR LE LAC.

A LINA.

> O nuits pleines d'azur, calmes et pures fêtes !
> Que de fois vers ces lieux mon cœur prendra l'essor !
>
> A. de Latour. (*Loin du foyer*).

C'était l'heure sereine où, déroulant ses voiles,

La nuit vient allumer le flambeau des étoiles

Pour remplacer le jour ;
L'heure où le rossignol, amant des solitudes,
Sous le dôme des bois cadence les préludes
De ses hymnes d'amour.

Reflétant sur les pics une lueur dorée,
L'Occident festonnait d'une frange empourprée
Le bord du firmament.
Le lac était tranquille et pur comme une glace,
Et la lune, argentant la limpide surface,
S'y berçait mollement.

Du tiède vent du soir l'haleine sans murmure
Effleurait en ses jeux la verte chevelure
Des bouquets d'arbrisseaux ;
Et d'alpestres parfums venaient, par intervalles,

Se mêler aux senteurs des plantes lacustrales
> Bordant le lit des eaux.

La *Burgunde*, glissant sur la vague aplanie,
Déployait à demi sa flamme rembrunie
> Sur le front des rameurs,
Et les rames, pressant sa course vagabonde,
Faisaient trembler au sein du bleu miroir de l'onde
> Les nocturnes splendeurs.

Nonchalamment assis sur le bord de l'yole,
J'entendais sur la rive un air de barcarolle
> Au loin répercuté,
Et rêveur, j'évoquais en mes molles pensées
Le frais ressouvenir des belles nuits passées
> Dans un site enchanté.

Je repassais ma vie aux fortunés rivages

Où du charmant objet de mes pèlerinages

  Est le riant séjour,

Et l'aspect séducteur de l'oasis chérie

Rallumait par degrés en mon âme attendrie

  Les prismes de l'amour.

Descendu des glaciers et des crêtes gelées,

Je voyais du Rosa les cîmes dentelées

  Bleuir à l'horizon,

Et des jardins d'Alba remplis de fleurs écloses,

Respirant mollement les jasmins et les roses,

  Je foulais le gazon.

Celle qui, la première, au printemps de ma vie,

Vint, en se révélant à mon âme ravie,

   Briller sur mon chemin;

Celle qui de mon cœur est l'étoile polaire

M'accordait en ces lieux sa faveur tutélaire,

   Et m'y donnait la main.

L'astre des claires nuits, du fond de l'empyrée,

Epanchait sur nos pas la lumière azurée

   De son disque d'argent;

Et, du haut d'un platane au feuillage immobile,

L'harmonieux bulbul disait un cantabile

   Dans un calme touchant.

. . . .
. . . .

Il me semblait encore, aux sons des mandolines,
Guider ma jeune amante au penchant des collines
    Où fleurit l'oranger,
Ou, sur le bleu Majeur, au bruit des sérénades,
Poursuivre avec lenteur d'heureuses promenades
    Qu'on craignait d'abréger.

. . . .

Au branle de la barque, ainsi ma rêverie
Allait en son essor visiter la patrie
    De mes belles amours ;
Et l'esquif, aux clartés de la voûte étoilée,
Aux accords qui frappaient l'écho de la vallée,
    Voguait, voguait toujours.

. . . .

Les Pargots, 1846.

ARABESQUES.

A HENRY LEBLOND.

I.

Quand, au couchant, un nuage au ton vague

Vague,

Et que Vesper allume son flambeau

Si beau,

Près de la rive où du Doubs l'eau penchante

Chante,

Sous les tilleuls, je me plais à m'asseoir,

Le soir.

Aux doux rayons que l'astre du silence

Lance

En s'élevant dans l'azur spacieux

Des cieux,

J'aime à goûter ces instants que réclame

L'âme,

Lasse des soins dont l'obsède le cours

Des jours.

L'aspect du ciel que le jour abandonne

Donne

Ce calme heureux que je cherche en rêvant

Souvent,

Et le tableau qu'offre le val agreste

Reste

Dans ma mémoire, et prête à mes chansons

Des sons.

II.

Un feu de pâtre, au sommet de la côte

Haute,

Comme un fanal a frappé, radieux,

Mes yeux.

Au fond du val, un dais de brume sombre

Ombre

La maison blanche, et rend le vieux manoir

Plus noir.

L'airain sacré, que dans son vol effleure

L'heure,

Pour l'*Angelus* fait entendre sa voix

Trois fois.

Pieux appel! Il s'épand de l'enceinte

Sainte,

Et l'air ému le roule en sons touchants

Aux champs.

Le métayer, dévot à la madone,

Donne

Trêve au labeur, et dit, le front levé,

L'*Ave.*

De gais faneurs reviennent de la plaine

Pleine

D'herbe odorante et d'épis se mouvant

Au vent.

Avec lenteur un troupeau mis en file

File

Au long des prés, par les sentiers poudreux

Et creux.

En s'éloignant des croupes découvertes,

Vertes,

Il marche au bruit des trompes et des cors

Discords.

Seule à l'écart, une brebis rebelle

Bêle ;

Mais sur ses pas vient le chien du berger,

Léger.

Par le plus court elle est bientôt, soumise,

Mise

En bon chemin, et puis elle reprend

Son rang.

III.

Le jour a fui ; mais des nuits la sereine

Reine,

Du mont voisin éclairant la forêt,
  Paraît.

Son disque monte et dans le vaste espace
  Passe,
Moirant le Doubs de ses reflets tremblants
  Et blancs.

Calme et repos ! Seul, l'écho de la roche
  Proche
Distinctement répercute un refrain
  Lointain.

C'est une ronde, une chanson naïve,
  Vive,

Qu'une voix franche entonne en vieux patois

Comtois.

Ainsi, la nuit, des ranz de la Gruyère

Erre

Le son rustique au milieu des sapins

Alpins.

Bords du Doubs, 1847.

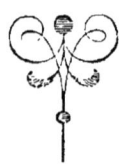

PASSÉ ET PRÉSENT.

A HENRY WAGER,

ARTISTE PEINTRE.

ILLUSIONS.

> Souvenirs du bel âge
> Sont gravés dans mon cœur.
> SCRIBE. (*Pré aux Clercs*).

> Peu est prou.
> CHARRON. (*Max. de la Sagesse*).

I.

Te souvient-il qu'un jour au sommet du Mont-Tendre

(A nous y rencontrer, chacun loin de s'attendre),

Par un hasard heureux nous étions amenés? —
Toi, du beau lac de Joux, à la vallée ombreuse,
Que Vaulion domine avec sa roche creuse,
    Tu quittais les bords fortunés ; —

Moi, j'avais du Suchet franchi la double pente,
Et le ravin où l'Orbe en mugissant serpente
Aux pieds du fort des Clefs, manoir de Brunchaut ;
Puis, traversant plus loin de riantes campagnes,
J'étais venu gravir le géant des montagnes
    Dont est fier le canton de Vaud.

Avec quels vifs transports de mutuelle ivresse
En se tendant la main l'un vers l'autre s'empresse !
Tous deux, de la nature ardents adorateurs,
Pour allumer l'encens d'un pieux sacrifice,

Où pouvions nous dresser un autel plus propice
Que sur ces sublimes hauteurs?

Du temple l'horizon forme le sanctuaire.
Pour dôme il a les cieux ; pour ses parvis, la terre ;
Sa lampe est le soleil, aux autres éléments
Dispensant de ses feux les clartés immortelles ;
Colonnes de granit aux splendeurs éternelles,
Les Alpes sont ses ornements.

En extase admirons ce spectacle magique
Qu'étale à nos regards le bassin helvétique
Où miroitent cinq lacs d'émeraude et d'azur : —
A gauche, la Jungfraü, sous son voile grisâtre ;
En face, des glaciers le vaste amphithéâtre ;
A droite, le Mont-Blanc si pur !

Et, si nous nous tournons vers les plages de France,
Vois, quel panorama dans l'arc de cercle immense
Qui, des Vosges tracé jusqu'à la Côte-d'Or —
La contourne, et finit sa courbe au Mont-Salève,
En triangle unissant Nancy, Dijon, Genève
    Que l'œil distingue sans effort!!

Nous étions confondus devant tant de merveilles...
Mais c'est à tes pinceaux que des scènes pareilles
Prodiguaient leurs beautés, sous mille aspects divers
Nuançant de leurs tons ta féconde palette, —
Tandis que moi, chétif, à ma lyre muette
    Je demandais en vain des vers.

C'était du mois de juin une claire journée,
De lumière et d'azur pompeusement ornée.

D'en consacrer chacun un souvenir touchant,
Avant de nous quitter, nous fîmes la promesse, —
Toi, par un frais tableau, — moi, malgré ma faiblesse,
Par quelque poétique chant.

Les Beaux-Arts t'appelaient aux champs de Lombardie. —
Pour moi, je regagnai notre France engourdie
Où, soldat dans la paix, abreuvé de dégoûts,
J'ai traîné si longtemps mes armes inutiles
Sous un morne étendard dont les plis immobiles
Retombaient sans gloire sur nous.

Cinq grands lustres depuis sont passés sur nos têtes,
Et nos esquifs, battus de diverses tempêtes,
Enfin au même port se trouvent rattachés.
Sans tenter désormais la fortune ennemie,

Arborons pour toujours sur cette rive amie
   Nos deux pavillons rapprochés.

La renommée au loin quelquefois de ta lyre
M'apportait des accords, doux comme ceux qu'inspire
La Muse montagnarde au sein de nos grands bois.
Ces échos du Jura résonnent dans mon âme ;
Mais ce n'est point assez : mon amitié réclame
   Tous les vers qu'a chantés ta voix.

Je t'offre dans ceux-ci le tribut qu'au Mont-Tendre
Tu m'imposas jadis.... Or, j'ai droit de prétendre
Au tableau qu'en retour tes pinceaux délicats
Me destinaient alors pour gracieux partage :
Il ornera si bien mon petit ermitage
   Où je vais diriger tes pas !

II.

Dans les murs restaurés d'une demeure antique
Qu'habitait autrefois la piété mystique,
Une heureuse industrie a fixé son séjour. *
Aux lieux où seul veillait le feu de la prière,
On voit briller souvent d'une lampe ouvrière
    La clarté, du soir jusqu'au jour.

Là, comme aux vieux temps règne un solennel silence ;
Jamais nulle rumeur au dehors ne s'élance
Du sein des ateliers, où cent mains au travail,
Grâce à l'art délicat du burin, de la lime,

---

* Allusion à l'organisation d'une école d'horlogerie trop éphémère, en voie de prospérité alors, tentée aux Augustins en 1851.

Ed. G.

Savent forcer le Temps, — invention sublime !
A marquer ses pas sur l'émail.

Seulement je voudrais, parfois dans la semaine,
Et pendant les loisirs que dimanche ramène,
Des jeunes artisans, en chœur harmonieux,
Entendre les cent voix dans la muette enceinte
Réveillant quelque écho, des chants de l'ymne sainte
Depuis si longtemps oublieux.

Propice à l'Orphéon, près du vieux monastère
S'étend aux bords du Doubs un verger solitaire
Dont les bosquets jaunis bientôt reverdiront.
Qu'en ces lieux aisément leur troupe réunie
S'essaie à des accords de suave harmonie,
Tels que les enseignait Choron.

Puis, lorsque le printemps, de ses fraîches haleines
Répandant les parfums sur nos monts, dans nos plaines,
Nous rendra le gai mois des amours et des fleurs ;
Quand, plus calme, cette eau baignera ses rivages,
Et que gazouilleront dans les naissants feuillages
    Mille oiseaux aux riches couleurs, —

Soit qu'à pas lents on erre aux flancs verts des Pareuses,
Soit qu'on foule, rêveur, les pelouses ombreuses
Sous les dômes feuillus des quinconces du Cours,
Aux doux bruits de concerts qui ravissent l'oreille,
Il sera beau, les soirs, de prolonger sa veille,
    Ou de se délasser les jours.

Mais, comme le nocher laisse au courant de l'onde,
Pour cueillir quelques fleurs, sa barque vagabonde,
Dédaigneuse du but, glisser le long du bord,
Ainsi fais-je, en prêtant à ces rives chéries
Des charmes ignorés, fils de mes rêveries,
  Sans penser à quitter le port.

Je voulais te conduire à l'heureuse retraite
Où, comme dans un nid protégé par le faîte
Du toit des mêmes lieux, je me suis abrité.
Le pain quotidien, dans cette solitude,
Suffit à mes désirs, puisqu'enfin à l'Etude
  J'y sacrifie en liberté.

Que faudrait-il de plus à ma philosophie ?
Ces chimères qu'un sot ici-bas déifie : —

La fortune volage, aux sourires mortels,

Qui tôt ou tard souvent trompe ses Lovelaces; —

L'ambition des croix, des honneurs et des places!!...

    J'ai dédaigné leurs vains autels.

J'en conviendrai pourtant : — la véritable gloire

M'a surpris à ses pieds, où j'avais soif de boire

L'ivresse du poète ou l'orgueil du guerrier.....

Mais de combats fictifs je n'ai vu que la flamme;

Jamais le feu sacré n'incendia mon âme :

    A d'autres le double laurier !

Rappellerai-je aussi ces charmantes idoles

Pour qui nous soupirons tant de douces paroles,

Consumons tant d'encens, effeuillons tant de fleurs?

Oui ! — Par vous j'ai connu la fugitive image

Du bonheur d'ici-bas ! — Accueillez cet hommage,
Femmes, délices de nos cœurs !

Si je n'ai point senti la lave du génie
Déborder de mon sein en torrents d'harmonie,
Dans des chants qu'on répète aux bouts de l'univers, —
Du moins, à ses regards allumant mon délire,
De la beauté j'obtins plus d'un tendre sourire
Pour prix de mes timides vers !

∽

Pardonne, ami, pardonne à mes douces pensées
Ce passager réveil. Vers les heures passées
Le Temps nous laisse au moins ces retours consolants.
Malgré les ans jaloux et leurs métamorphoses,
Dans mon printemps si loin j'aime à glaner des roses
Pour couronner mes cheveux blancs.

Sans doute, il serait beau de laisser fuir sa vie,
Assis en des banquets où l'amour nous convie
Parmi les fruits si chers à l'Epicurien ;
Mais, à tout comme il est un terme mis par l'âge,
Et que j'ai bu ma part du séduisant breuvage,
<blockquote>J'aurais tort de regretter rien.</blockquote>

III.

De plus calmes plaisirs faits pour mes sens moins ivres,
Grâce à mes simples goûts, dans mes bien-aimés livres,
Me versent à présent leurs secrètes douceurs :
Sans cesse j'ai chez moi société choisie
Où tour à tour l'Histoire avec la Poésie
<blockquote>Ont le pas sur leurs doctes sœurs.</blockquote>

A la place d'honneur rangés sur mes tablettes,
Gloires de notre siècle, ô mes brillants poètes !
Salut, vous qui toujours m'accueillez par des chants :
Gai Béranger, Hugo, sublime Delavigne,
Lamartine, aux accents mélodieux du cygne,
      Musset, Barthélemy, Deschamps,

Salut ! — Muses de France, à vous salut encore,
Dufrénoy, Ségalas, Delphine Gay, Valmore,
Héritières du luth immortel de Lesbos !
Et toi, pauvre Elisa, dont la fosse commune,
Dernier lit de Moreau, ton frère en infortune,
      A dévoré les traits si beaux !

Eh ! ne verrais-je point ces gerbes de lumière
Que jettent près de vous, pléiade étrangère,

Les œuvres de Schiller, de Burns, d'Alfiéri?
Goëthe brille non loin du moderne Tyrtée,
Du grand Byron tombé dans la Grèce attristée,
  Loin d'Albion qui l'a nourri.

Homère est entouré de Virgile et d'Horace. —
Voici Klopstock, Milton, Camoëns, Dante, Tasse,
Arioste, Ossian, Voltaire, enfin Rousseau....
Puis des historiens vient la longue série,
Close par Rougebief, de ma noble patrie
  L'annaliste au mâle pinceau.

Sur de vieux parchemins exhumés de la poudre,
A pâlir jour et nuit quand j'ai pu me résoudre,
Pour demander encor des secrets au passé,
Ou qu'à traduire un livre écrit dans l'idiôme

Que l'on parle à Madrid, à Londres, voire à Rome,
Mon cerveau longtemps s'est lassé, —

N'est-ce pas, en retour, un heureux privilège
Que de pouvoir soudain, et sans quitter mon siège,
Avec ces grands esprits que je touche des doigts
Entretenir commerce, et d'avoir presqu'à gage
Cent interlocuteurs, dont le divin langage
M'instruit et me charme à la fois?

IV.

Combien d'autres plaisirs ignorés du vulgaire
M'offre encore en tout temps mon logis solitaire! —
Tandis que, cette année, au sein de nos climats
Moins hâtif, sur la terre à peine refroidie

L'hiver en vain voudrait de sa main engourdie

  Jeter son linceul de frimas, —

Si, réveillant soudain ses voix longtemps muettes

Qui mêlent leurs éclats aux cris des girouettes,

Accouru du Taureau, l'Aquilon rugissant

S'engouffre sous les toits, et souffle dans les briques,

Je me plais, tout oreille, à ces bruits fantastiques

  Mieux qu'aux sons d'un orgue puissant.

C'est auprès d'un foyer à la flamme brillante,

Où flambe avec ardeur la bûche pétillante,

Que l'heure aussi pour moi ne dure qu'un moment,

Soit des doux souvenirs que j'invoque la foule,

Soit qu'avec un ami le flot du temps s'écoule

  A deviser confidemment.

Mais, viens, ce n'est pas tout..... Peintre paysagiste,
De ma fenêtre approche, et que ton œil d'artiste
Explore du regard un ravissant tableau. —
Voilà du vieux Larmont l'abrupte et longue arrête
Que ses grands rochers blancs, déroulés sur sa crête,
  Couronnent ainsi qu'un bandeau.

Il faut voir, en été, ses pentes verdoyantes
Couvertes de troupeaux aux clochettes bruyantes,
Scènes dont un Potter aurait été jaloux,
Qu'encadrent au levant les Entreportes sombres, —
Au midi, les deux Forts, mirant leurs grandes ombres
  Dans les flots transparents du Doubs.

Par un brillant matin, quel spectacle sublime
Que de voir le soleil, de sa plus haute cîme,
Comme d'un trône d'or s'élançant dans les cieux,
Ou jetant à son front, du bout de sa carrière,
Ces fleurons de rubis, qu'en leurs jeux de lumière,
   Font éclore ses derniers feux.

Il est une heure encore où la mélancolie
Charme de ses attraits mon âme recueillie :
C'est lorsque dans l'azur, la lune, à son lever,
Roulant son char paisible au sommet des montagnes,
Epanche ses rayons, là-bas, sur ces campagnes,
   Dont le calme invite à rêver.

V.

Voilà comme, à l'envi, l'Etude et la nature,
Dans mon humble réduit, d'une volupté pure
Me font goûter en paix les faciles plaisirs.
Aussi, n'attendant plus d'autres faveurs que d'elles,
J'ai voué désormais à ces vierges fidèles
  Le culte de mes doux loisirs.

Et puis, ces lieux pour moi sont plus qu'une patrie :
Sous ces lambris que j'aime avec idolâtrie
Mon vénérable aïeul guida mes premiers pas.
Tout y parle à mon cœur de ma joyeuse enfance,
Rêve, hélas ! envolé, mais dont la souvenance
  Dans ce cœur ne sommeille pas.

O toi ! dont en ces murs sonna la dernière heure,

Si ton ombre revient visiter ta demeure,

Tu peux m'y voir souvent, hôte religieux,

Errer à pas discrets comme en un sanctuaire,

Évoquant, noble aïeul ! ta mémoire si chère,

  Qui remplit mon cœur et ces lieux.

Ami ! quand tu voudras, de mon bonheur tranquille,

Viens être le témoin, viens ; mon discret asile

Sur ton moindre signal est prêt à s'entr'ouvrir.

Tu me verras au port qu'appelait mon envie,

Car ici j'aspirais à confiner ma vie,

  Et c'est où j'espère mourir.

      EDOUARD GIROD.

Pontarlier, 15 janvier 1853.

ÉPILOGUE.

RÉALITÉS.

Hic mihi præter omnes nunc angulus ridet...
HORAT.

Hélas ! est-il doux rêve

Où jamais l'on achève

La coupe du bonheur ?

D'un caressant mensonge
Je n'ai surpris qu'en songe
Le fantôme trompeur,

Et, sous ma lèvre avide
Dans le vase mi-vide,
Aux bords enduits de miel,

Un vent jaloux d'orage,
Soufflant sur le breuvage,
Vint le tourner en fiel.

Séjour où l'Espérance
Montrait à mon enfance
Un si bel avenir,

Où mon unique envie

Était de voir ma vie

S'écouler et finir ;

Où les mains de deux frères

Auraient clos mes paupières

Et fermé mon cercueil, —

Sous un coup de tempête,

Mais sans plier la tête,

J'ai dû quitter ton seuil !

Longtemps, de ton prestige

En moi quelque vestige

Survécut en secret ;

Mais de loin je regarde
Ma déserte mansarde
Maintenant sans regret.

Seulement à ta vue
Je me sens l'âme émue
De tristesse, parfois,

Et mes lèvres dévotes
Nomment alors tes hôtes,
Tes hôtes d'autrefois :

C'est l'aïeul centenaire
Qui marquait sur la terre
Ses pas par des bienfaits ;

C'est deux femmes bénies,

Aux cœurs pleins d'harmonies,

Que la mort tienne en paix !

Et mes sombres pensées

Aux tendresses passées

Me rendent un instant ;

Puis une larme tombe

Adressée à la tombe

D'êtres que j'aimais tant.

Hélas ! de leur demeure,

Pour moi qui seul les pleure

Tout charme est mort comme eux,

Jusqu'au parfum antique

Du calme domestique

Qui remplissait ces lieux !!!

De leur saint héritage

J'eus naguère en partage

Un des plus minces lots :

C'est un réduit tranquille

Loin des bruits de la ville,

Au fond d'un humble enclos,

Où, dans la paix de l'âme,

Près d'une tendre femme

Et de deux beaux enfants, —

Anges que, sur la terre,

Le ciel au solitaire

Envoya dans trois ans, —

Moins fidèle à l'Etude,

J'ai, changeant d'habitude,

Allumé mon foyer.

J'y fais par la Nature

Payer de ma culture

Le travail journalier;

Là, milles fleurs écloses,

Depuis le temps des roses

A l'arrière saison,

Du soleil caressées,

Et par zéphir bercées,

Constellent le gazon ;

L'abeille industrieuse

Y butine, joyeuse,

Leurs seins éblouissants,

Tandis qu'un gai ramage

Réjouit le feuillage

De mes bosquets naissants.

Dans la claire charmille

Vient ma jeune famille

Folâtrer à mes yeux

Sous l'aile de la mère

Qui, naïve et légère,

Tantôt se mêle aux jeux,

Tantôt, en causeries,

Sur ces têtes chéries

S'abritant dans son sein,

Gravement me déroule

Vastes projets en foule,

Ou rêves d'or sans fin.

A ces touchantes scènes,

Oublieux de mes peines

Et des travaux du jour,

Moi, tout ému, j'écoute....

De croyance et de doute

Combattu tour à tour !

Une larme rapide,

Frôlant ma joue humide,

Roule alors sur mon cœur,

Puis, d'un meilleur courage

Je reprends mon ouvrage,

Et me livre au Bonheur —

Non plus ce Bonheur vague

Emporté par le vague

D'un orageux Passé,

Mais le Bonheur du sage

Qui, sortant du naufrage,

Par un doux vent poussé,

Sur quelque obscure plage,

Avec les siens partage

Un abri suffisant,

Et des soins de la vie,

Seul, à ses mains se fie,

Satisfait du Présent !

Notre seuil, à toute heure,

Mieux que l'autre demeure,

Est accessible à tous :

Comme nos hirondelles,
Les amitiés fidèles
Revolent près de nous;

Henry! suis donc leur trace :
Viens voir un jour, de grâce,
Comment je veux cacher

Dans l'ombre et le feuillage
Mon nid, au frais rivage
Du Doubs qui m'est si cher.

EDOUARD GIROD.

Barrière, près de Pontarlier, 1856.

RÉVEIL.

A ÉDOUARD GIROD.

> Je sommeillais sans rêve,
> Comme Echo dans mes bois.
> Mais qu'une voix s'élève,
> Soudain la mienne achève ;
> Un son me rend la voix.
>
> Que celle qui m'éveille
> A de touchants concerts !
>
>   A. DE LAMARTINE. (*Harmonies*).

I.

Près des flancs escarpés de la gorge sauvage

Où la Malcombe * s'ouvre un tortueux passage

    Sous un banc de roc éboulé,

* Ruisseau torrentueux qui afflue dans le Doubs, près de Morteau.

J'errais aux bords des bois penchant sur des abîmes,
Et ma vue au hasard se portait vers les cimes
    Qui dominent ce défilé.

La muse, me privant de ses baisers de flamme,
Au fond de l'empyrée avait fui sans retour ;
Dans l'ombre solitaire où languissait mon âme
Nul rayon ne filtrait du lumineux séjour.
Je sentais à mon front se figer ma pensée
Comme au souffle hivernal un mince filet d'eau ;
    Et la strophe, inerte et glacée,
Hélas ! se confinait au creux de mon cerveau.

Sans mes rêves chéris marchant à l'aventure,
Sous un lugubre aspect je voyais la nature :
    Il me semblait qu'au firmament

La nuit avait jeté ses tentures funèbres,
Et qu'un disque blafard, au milieu des ténèbres,
    Circulait sans rayonnement.

Jamais, à mes regards, d'une teinte plus sombre
Les sapins sur le ciel ne s'étaient profilés ;
Jamais leurs noirs rameaux n'avaient jeté plus d'ombre
Sur ces ces larges gradins de rocs accumulés ;
Nul souffle en s'y jouant ne balançait leurs faîtes ;
Et je n'entendais pas le bruit sourd des ruisseaux
    Qui, sortant du pied de ces crêtes,
Dans le fond du ravin précipitent leurs eaux.

J'étais ainsi plongé dans cette somnolence,
Sous les bois où régnait seul un morne silence,
    Lorsque la brise du couchant,

Avec l'odeur du thym et de la violette,

M'apporta cette feuille où ta muse, ô poëte!

M'adresse un salut si touchant.

Aux sons mélodieux de ta voix inspirée

S'épancha dans mon être un long enchantement;

Et de ton luth ami chaque note vibrée

Eut au fond de mon âme un retentissement.

A mes yeux dessillés la nature immortelle

Reprit soudain tout l'éclat que lui prête un beau jour;

Et ma strophe rouvrant son aile,

Dans le fluide azur prit l'essor, à son tour.

II.

Ainsi, près de la gorge où tombe
 La Malcombe,
J'ai lu, sous mes grands sapins verts,
 Tes beaux vers.

Toujours jeune, l'aimable muse
 Qui t'amuse,
Par des concerts charme le cours
 De tes jours.

Elle sait les rhythmes sévères
 Des trouvères,
Et les contes ingénieux
 Des aïeux ;

Les merveilleux récits des fées,

Coryphées

Des rondes qu'Obéron conduit

Dans le nuit,

Et les romances primitives

Et naïves

Que chantaient les servants d'amour

Sous la tour.

Combien de fois s'est délassée

Ma pensée

Aux cadences de tes chansons

Aux doux sons !

Aux bords du Doubs, l'écho sonore

  Jette encore

A la brise des jours sereins

  Tes refrains.

Cet écho redit à la rose

  Fraîche éclose : —

« Pour briller, tu n'as, fleur d'amour,

  « Qu'un seul jour ! »

Parfois, quand la nuit tend ses voiles

  Pleins d'étoiles,

Il répercute sur ces bords

  Tes accords,

Si deux cœurs, épris d'amour tendre,

Font entendre,

Comme Juliette et Roméo,

Un duo.

Puis, quand l'heure de minuit passe

Dans l'espace,

En faisant résonner sa voix

Douze fois,

Ton chant du *Guet* frappe l'oreille

Et réveille

Quatre échos fidèles autour

De la tour.

III.

Juillet, sous un pli tricolore,
 Fit éclore
Tes patriotiques refrains :
Tu parus « au brûlant solstice »
 Dans la lice
Des poëtes contemporains.

Mais, comme autrefois, le tonnerre
 De la guerre
Retentit aux bords de l'Escaut ;
Et tu fus, soldat sous la tente,
 Dans l'attente
Des revanches de Waterloo.

Là, dans un belliqueux délire,

Sur ta lyre

Exprimant d'héroïques vœux,

Tu disais : — « Que le jour se lève

» Où le glaive

» Tranche de politiques nœuds !

» Qu'il brille !..... et le coq de la Gaule,

» Vers le pôle,

» Tel que l'AIGLE prendra l'essor :

» Comme aux beaux jours de notre histoire,

» La victoire

» Sera fatale aux rois du Nord !

» Refoulant Baschkirs et Tartares,

» Ces barbares

» Sortis des roseaux du Volga,

» Nous verrons, au tombeau ravie,

» Varsovie

» Venger ses fils morts à Praga ! »

Ainsi, bercé par l'espérance,

Pour la France

Tu rêvais des lauriers nouveaux ;

Et, parmi tes compagnons d'armes,

Pleins de charmes,

Tes accents trouvaient des échos.

Hélas ! on offrit sans vergogne

La Pologne

En holocauste au Tzar vainqueur :

Philippe, en prenant la couronne,

Mit son trône

Au pied de l'autel de la Peur !

Et, dès lors, le flot populaire
De colère
Assaillit la nef d'Orléans :
Trois fois les discordes civiles
Dans nos villes
Plantèrent leurs drapeaux sanglants.

Désanchanté, l'œil plein de larmes,
A tes armes
Disant un adieu solennel,
Tu revins en nos monts tranquilles,
Verts asiles,
T'asseoir au foyer paternel.

Mais de la poétique flamme
En ton âme
Tu ressentis la vive ardeur,

Et, sur le mode heureux d'Horace,

  Avec grâce

Le chant s'envola de ton cœur.

Mêlant sur ta lyre d'ébène

  La verveine,

La rose et le myosotis,

Ta main effeuilla sous l'ombrage

  Du bocage

Tes frais *Ludibria ventis.*

A la brise rouvrant ta voile,

  D'une étoile

Tu suivis le flambeau douteux ;

Et, loin de ta rive natale,

  La rafale

Te fit un chemin hasardeux.

Aux bords où l'Yonne serpente,

Sur la pente

Où l'Armançon roule un flot pur,

Tu crus avoir un doux ancrage;

Mais l'orage

De ton ciel y ternit l'azur.

Fils exilé de la montagne,

En Bretagne

Retrouvant le calme du port,

Tu goûtas dans la solitude

Et l'étude

Les prémices d'un meilleur sort.

Au sein d'une savante école

  Agricole,

Le soc, dirigé par ta main,

Ouvrit, dans la glèbe arrosée

  De rosée,

Le sillon qui donne le pain.

Auprès des dolmens granitiques

  Et celtiques,

Ton luth vibra ; mais, en ces lieux,

Toujours pour ta muse chérie

  Ta patrie

Fut l'objet d'un culte pieux.

Alors, l'éclair de la colère

  Populaire

Sur l'horizon des rois brillait.....

196

Soudain un large coup de foudre

Mit en poudre

Le jeune trône de Juillet.

. . . .

. . . . .

. . . .

. . . .

. . . .

. . . .

. . . .

. . . . .

. . . .

. . . .

. . . . .

. . . .

Hélas! l'illusion est brève :

  Au beau rêve

Succédait la déception.....

Nocher! sur la vague écumante,

  La tourmente

Te berçait comme l'alcyon.

« Quoi! toujours autour de ma tête

  » La tempête

» Ferait luire un cercle d'éclairs?

» Mon esquif vaguerait sur l'onde

  » Furibonde,

» Comme une algue au roulis des mers?

» Non ! Les vallons qui m'ont vu naître
» Ont peut-être
» Encor pour moi de frais abris :
» J'y veux finir mon odyssée,
» Commencée
» Auprès d'héroïques débris.

» Je veux encor fouler ces rives
» Aux eaux vives,
» Dont le souvenir m'est si doux ;
» Errer aux lisières fleuries
» Des prairies
» Qu'arrosent les flots bleus du Doubs ! »

Pour ton cœur ce fut une fête,
O poëte !
Le jour où, ta lyre à la main,

Tu saluas cette contrée

    Adorée, —

Heureux terme de ton chemin.

. . . .

IV.

Il me souvient toujours de ce pèlerinage

    Qu'au riant matin de mon âge,

Je fis pédestrement le crayon à la main.

La Fantaisie, alors, me guidait en chemin ;

Et j'allais, dessinant le portail ou l'arcade,

    L'arbre, le chalet, la cascade,

Le donjon féodal ou le cirque romain.

Il me souvient toujours du sommet du Montendre :

Il me semble encore l'entendre

Jeter un cri joyeux à l'appel de ma voix.....

Je crois encore ouïr les *armaillis* vaudois

Chanter en chœur, le soir, de vieux airs bucoliques

Dont les notes mélancoliques

Se prolongeaient au loin dans l'écho des grands bois.

De rayons et d'azur largement couronnée,

Elle était belle la journée

Où, parcourant de l'œil un immense horizon,

De l'agreste sommet nous foulions le gazon.

Nous étions oublieux des heures fugitives,

Devant ces grandes perspectives

Où se montraient Nancy, Thonon, Berne et Dijon.

Et quand l'ombre, du haut des crêtes dentelées,

  Se projeta sur les vallées,

L'avons-nous contemplé ce coucher de soleil?!
Jamais Claude Lorrain n'en peignit un pareil :
De triples tons d'azur, de pourpre et d'émeraude,

  Fondus dans l'atmosphère chaude,

Ajoutaient aux splendeurs de l'occident vermeil.....

Oui, je t'avais promis, avant de redescendre,

  Un frais *Souvenir du Montendre*,

Quelque site champêtre éclairé d'un rayon,
Toile ou feuillet d'album, aquarelle ou crayon.....
Je devais, au retour de l'alpestre voyage,

  Te présenter ce paysage

Que n'eut pas jalousé Paul Huet ou Troyon.

Hélas ! quand je revins sur ta rive natale,

  Ta barque, en butte à la rafale,

Errait au gré du flot sous le ciel froid du Nord :

Tu voulais, au rivage où tendait ton effort,

En sa réalité voir surgir ton beau rêve.....

  Et, vingt ans, sans te faire trêve,

L'aquilon furieux te repoussa du port !

Aujourd'hui, créancier de mon humble palette,

  Tu voudrais que, payant ma dette,

Sans prendre de délai, j'appendisse à ton mur

La toile où mes pinceaux ont, dans le clair-obscur,

Profilé du Jura les croupes ondulées ;

  Où les neiges immaculées

Des pics de la Jung-Fraü se dressent dans l'azur ?

Le temps a dévoré les premières études
> Que je fis dans les solitudes,
Sous les verts parasols des hêtres ou des pins,
Arbres que le poëte a tant de fois dépeints.....
Et, pour recomposer ce paysage agreste,
> Seul, un pauvre croquis me reste :
Un rocher couronné d'un bouquet de sapins.

Mais à présent qu'aux bords de son onde chérie,
> Fille des monts de ta patrie,
Le Doubs voit de ta nef flotter le pavillon, —
Au mois où le soleil brille sous le Lion,
Si tu veux, nous irons pour contempler encore
> Ces pics d'où le jour semble éclore,
Franchir, par un beau soir, les rocs de Vaulion ?

A l'heure où le rayon vient boire la rosée,

Nous reverrons ce grand musée

Où la nature alpestre a de si frais tableaux ; —

Et nous retrouverons, parsemé de troupeaux,

Le site entrecoupé d'ombrage et de lumière

Où, dans notre course première,

S'offrirent à nos yeux des contrastes si beaux !

Morteau, avril 1853.

FIN.

ERRATA.

Page xiv, vers 11 et 12, *au lieu de :*

    Oui, le chantre de Laure eut la palme suprême ;
    Mais d'un génie heureux émanaient ses concerts.

lisez :

    Le Génie a tressé la couronne suprême
    Qui brille au front du roi des amoureux concerts.

— 23, épigraphe, *au lieu de :*

    Mais pour te bien chanter.

lisez :

    Mais pour te bien louer.

— 27, vers 9, *au lieu de :* aile, *lisez :* aîle.
— 41, ajoutez en note, au bas de la page :

    M. Vogt, organiste de l'église de Saint-Nicolas, à Fribourg.

— 48, vers 4, *au lieu de :* rapsode, *lisez :* rhapsode.
— 51, vers 13, *au lieu de :* ignorees, *lisez :* ignorées.
— 56, vers 11, *au lieu de :* tire-d'aîle, *lisez :* tire-d'aile.
— 77, épigraphe, *au lieu de :* GAUTHIER, *lisez :* GAUTIER.
— 84, vers 9, *au lieu de :* Gauthier, *lisez :* Gautier.
— 94, vers 2, *au lieu de :* paternel, *lisez :* maternel.
— 96, vers 10, *au lieu de :* On fait, *lisez :* Ont fait.
— 130, vers 9, *au lieu de :*

    Au fond de mon cœur il fleure sans cesse —

lisez :

    Au fond de mon cœur, il fleure sans cesse, —

— 135, vers 5, *au lieu de* : sur le front, *lisez* : sur les fronts.
— 137, vers 11, *au lieu de* : disait, *lisez* : chantait.
— 154, vers 7, *au lieu de* : l'ymne, *lisez* : l'hymne.
— 183, vers 7, *au lieu de* : Sur ces ces larges gradins,
  lisez : Sur ces larges gradins.
— 184, vers 9, *au lieu de* : Reprit soudain tout l'éclat,
  lisez : Reprit soudain l'éclat.
— 192, vers 7, *au lieu de* : Désanchanté, *lisez* : Désenchanté.

TABLE.

Préface, par Édouard Girod.	v
Dédicace.	ix

SÉRIE I.

I.	Les mirages.	3
II.	Le charme.	5
III.	Les calices.	7
IV.	La fleur de poésie.	9
V.	Sous un orme.	13
VI.	Madrigal.	17
VII.	Conseil.	19
VIII.	Envoi d'un chant lyrique.	23
IX.	Aubade.	29
X.	Page d'album.	35

SÉRIE II.

I.	La tourmente.	41
II.	Les oasis.	43
III.	L'habitacle.	45
IV.	Dédain.	47
V.	Renvoi d'un album.	49
VI.	Les premières neiges.	55
VII.	Epode. (Fragment).	67

SÉRIE III.

I.	LES FRAGMENTS DE L'ART CATHOLIQUE. I.	77
II.	« « « II.	79
III.	LES NOUVELLES IDOLES.	81
IV.	LE SONNET AU XIXe SIÈCLE.	83
V.	L'OVATION.	85
	LETTRE de M. A. DEMESMAY.	87
VI.	FINIS POLONIÆ. (Fragment).	89
VII.	CHOEUR.	91
VIII.	ADIEU, RANZ ET NOELS.	93
IX.	RESSOUVENIR D'UN BAL AU FORT DE JOUX.	95
	Note.	107
X.	LE CHANT DES ARTILLEURS.	109
XI.	RESSOUVENIR D'UN BANQUET.	115

SÉRIE IV.

I.	NE LES ÉCRIS PLUS.	129
II.	SUR LE LAC.	133
III.	ARABESQUES.	139
	PASSÉ ET PRÉSENT, par EDOUARD GIROD :	
IV.	« « I. Illusions.	147
V.	« « II. Réalités. Épilogue.	169
VI.	RÉVEIL.	181
	Errata.	

POUR PARAÎTRE PROCHAINEMENT :

VUES

Prises dans les montagnes du Doubs,

Dessinées d'après nature et d'après les photographies
de Henry WILLEMIN,

par **Henry Wager**,

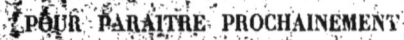
Et lithographiées à Paris par Jules ARNOUT.

EN PRÉPARATION :

1re SÉRIE.

1º Vue générale de la ville de Pontarlier, en 1850;
2º Vue des forts de Joux et du Larmont;
3º Panorama du val de Morteau;
4º Vue du lac de Chaillexon et des Bassins du Doubs.

www.ingramcontent.com/pod-product-compliance
Lightning Source LLC
Chambersburg PA
CBHW071932160426
43198CB00011B/1368